novum pro

C. Otto

ZEROLINE

Statistik schlägt Mathematik

Ein Spielsystem zur Eliminierung
des Zerovorteils der Bank

novum pro

Bibliografische Information
der Deutschen Nationalbibliothek:

Die Deutsche Nationalbibliothek
verzeichnet diese Publikation in
der Deutschen Nationalbibliografie.
Detaillierte bibliografische Daten
sind im Internet über
http://www.d-nb.de abrufbar.

ISBN 978-3-99107-068-9
Lektorat: Mag. Eva Reisinger
Umschlagfoto:
Yuriy Dvorak | Dreamstime.com
Umschlaggestaltung, Layout & Satz:
novum Verlag
Innenabbildungen: C. Otto

Gedruckt in der Europäischen Union
auf umweltfreundlichem, chlor- und
säurefrei gebleichtem Papier.

www.novumverlag.com

Inhalt

Vorwort

Warum ein Spielsystem suchen, um im Roulette dauerhaft gegen das Casino zu gewinnen, wo doch die gesamte Fachwelt der Meinung ist, dass es unmöglich sei, die Gewinnchancen beim Roulette zu verbessern?

Wie im Roulette selbst spielte auch hier der Zufall eine Rolle. Roulette war, und ist es vielleicht noch, auch ein Gesellschaftsspiel, welches man auch zuhause in geselliger Runde mit einem einfachen Roulettekessel, einer Kugel und Roulettespielvorlage mit oder ohne Geldeinsatz spielte. Ein Mitspieler setzte fortwährend auf einfache Chancen, wenn er verlor, verdoppelte er den Verlust, bis er wieder gewann – als Martingalespiel bekannt. Zufällig beobachtete ich diese Spielweise, fand sie toll und probierte diese, nach ein paar Spieltests zuhause, im Casino aus – mit dem bekannten Ergebnis, dass irgendwann die Verdopplungsstrategie im Gesamtverlust des Einsatzes endet.

Dieser Verlust spornte mich an, über das Roulettespiel nachzudenken. Die wichtigste Frage dabei war: Kann es sein, dass vor über 300 Jahren Menschen (ohne Computer) ein komplexes Spiel erfinden können, das auf Zufall und Glück basiert und dies bis heute noch kein Mensch überlisten konnte?

Nach einem längeren Literaturstudium kam ich zu der Erkenntnis, dass ein solches Spielsystem wahrscheinlich mit mathematischen Methoden wohl nicht zu finden sein wird, das haben schon zu viele gute Mathematiker erfolglos versucht.

Die Statistik ist eine Hilfswissenschaft der Mathematik und diese findet auch in der Wahrscheinlichkeitsrechnung ihre Anwendung. Und meine Suche begann. Von der ersten zufälligen Begegnung mit dem Roulettespiel bis zur fertigen Entwicklung einer erfolgreichen Spielstrategie zur Überwindung des Zerovorteils des Casinos vergingen ca. 50 spannende Jahre. Nachfolgend wird das Ergebnis beschrieben.

Außerdem versichere ich dem Leser, dass die Veröffentlichung dieses Spielsystems von keinem Casino, keinem Verlag oder sonstigem Interessenten der Branche initiiert wurde, um potentielle Roulettespieler in die Casinos zu locken.

Dieses Buch ist nicht nur eine reine Spielanleitung für ein erfolgreiches Systemspiel, sondern es werden auch die Schritte der Spielentwicklung sowie die statistisch-mathematischen Zusammenhänge für den Systemerfolg aufgezeigt.

Auf ausführliche Erläuterungen über die Spielregeln beim Roulette wurde bewusst verzichtet, darüber gibt es bereits genug Informationen in Buchform oder im Internet.

Eine Dokumentation über die Aufhebung des Zerovorteils von 2,7 % bei Mehrfachchancen (Dutzende und Kolonnen) der Bank im europäischen/französischen Roulette, sowie über die Erzielung von Dauergewinnen für den Spieler.

A) Verteilung/Häufigkeiten

1. Einfache Chancen (1 : 1), z. B. rot/schwarz

Im Casino werden die auftretenden Zahlen (Permanenz) in der Reihenfolge rot/ schwarz an Displays am Spieltisch angezeigt (Gitterung).

Wie in nachstehend angeführtem Beispiel:

		32
15		
24		
31		
13		
29		
31		
		27
24		
		32
		30
22		
		7
2		
	0	
22		

Abweichend von der Anzeige im Casino wird beim Systemspiel Zero in die laufende Serie Rot oder Schwarz integriert. Danach werden die Coupserien ausgewertet. Das Serienergebnis weicht durch die Integration von Zero natürlich von dem ohne Zero ab.

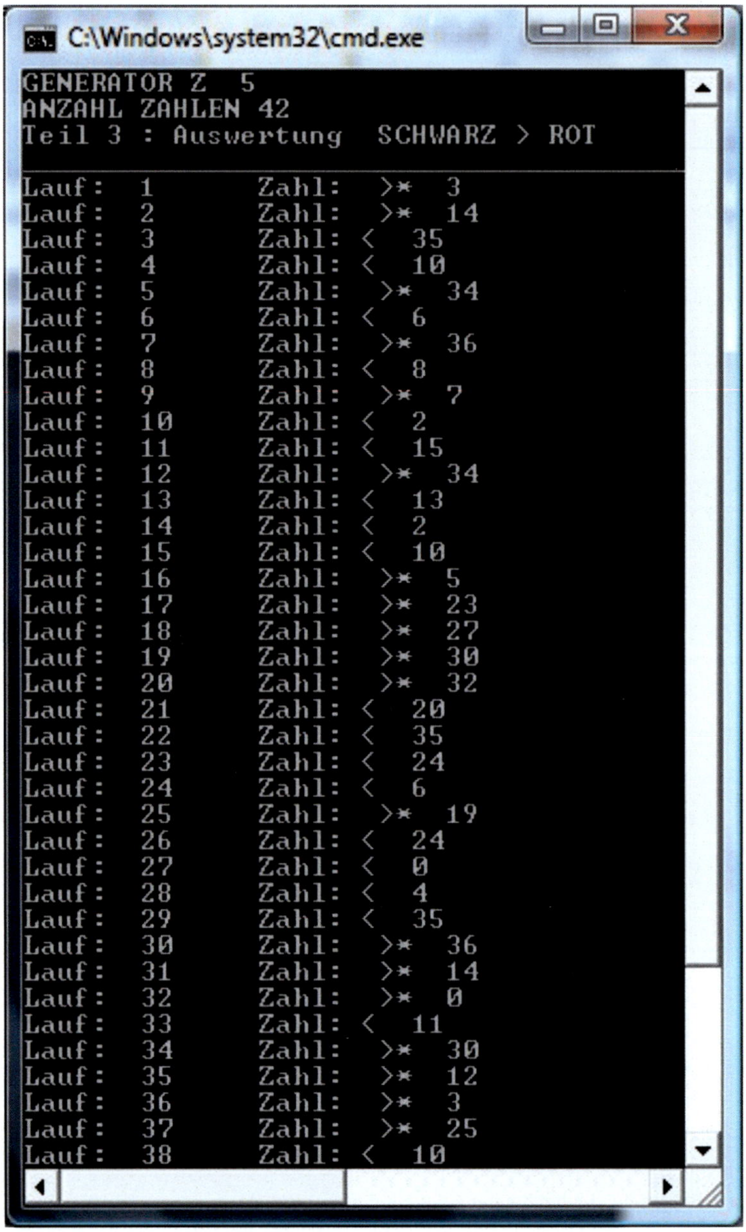

Das Gesetz der Serie:

O. g. Coupfolge ergibt bei Rot insgesamt 9 Serien, 5 x 1er Serien, 1 x 2er, 1 x 3er,1 x 4er und 1 x 5er Serie. Bei einem Spiel auf Serien ergibt die 0 bei Coup 32 beim Nachsatz- oder Wechselspiel einen Verlust durch Zero. Wählt man eine ausreichend große Permanenz (Gesetz der großen Zahlen), ergibt sich nach Gitterung (rot/schwarz) eine Verteilung der Häufigkeiten wie folgt:

Serien rot oder schwarz	Häufigkeit in % mit Zerointegration	Häufigkeit ohne Zero
1er	48,8	50%
2er	**25**	**25%**
3er	12,8	12,50%
4er	6,5	6,25%
5er	3,3	3,13%
6er	1,8	1,56%
7er	0,9	0,78
>7er	0,9	usw.
	100%	

Tabelle A1

2. Drittelchancen wie Kolonnen, Dutzende (Chance 2 : 1)

Um einen Einsatz auf 2 : 1-Chancen bei Dutzenden und Kolonnen auszuwerten, wird die Gitterung der Permanenz durch die Programme entsprechend dargestellt. Zero wird hier ebenfalls wie im Beispiel rot/schwarz jeweils in die gerade laufende Serie integriert. **Eine Besonderheit der Zusammenfassung besteht beim Systemspiel jedoch darin, dass die Zahlen von zwei Kolonnen oder zwei Dutzenden zu einer Serie zusammengeführt werden!**

Untenstehende Beispiele zeigen 10 Coups in der Verteilung nach Dutzenden oder Kolonnen. Die rechte Zahlenreihe zeigt die Häufigkeiten bzw. Reihenfolge der zwei zusammengesetzten Chancen. Für Kolonnen und Dutzende ergeben sich hierbei jeweils 3 verschiedene Setzmöglichkeiten, insgesamt also 6 verschiedene Möglichkeiten um einen Einsatz zu tätigen.

Coup	Zahl KOL 3	Zahl KOL 1+2
1		22
2	30	
3		32
4	24	
5	27	
6		31
7		29
8		13
9		31
10	24	

Coup	Zahl KOL 1	Zahl KOL 2+3
1	22	
2		30
3		32
4		24
5		27
6	31	
7		29
8	13	
9	31	
10		24

Coup	Zahl KOL 2	Zahl KOL 1+3
1		22
2		30
3	32	
4		24
5		27
6		31
7	29	
8		13
9		31
10		24

Coup	Zahl DUZ 3	Zahl DUZ 1+2
1		22
2	30	
3	32	
4		24
5	27	
6	31	
7	29	
8		13
9	31	
10		24

Coup	Zahl DUZ 1	Zahl DUZ 2+3
1		22
2		30
3		32
4		24
5		27
6		31
7		29
8		13
9		31
10		24

Coup	Zahl DUZ 2	Zahl DUZ 1+3
1	22	
2		30
3		32
4	24	
5		27
6		31
7		29
8	13	
9		31
10	24	

Für diesen Fall sieht das Gesetz der Serie wie folgt aus:
(Basis, Ermittlung durch 300.000 Coups)

Seriencoups (z.B. 1+3 KOLONNE)	Häufigkeit in % mit Zero	Häufigkeit in % ohne Zero
1er	32,4	33,1
2er	**21,9**	**22,2**
3er	**14,8**	**14,4**
4er	**10**	**9,8**
5er	**6,8**	**6,5**
6er	**4,6**	**4,5**
7er	**3,1**	**3**
8er	**2,1**	**2,1**
> = 9er	**4,3**	**4,4**
Gesamt	100%	100%

Tabelle A2

Wird fortwährend auf Nachgang (Sortante) von zwei zusammengeführten Drittelchancen (jeweils mit gleichem Einsatz) gesetzt, so tritt dennoch mit Wahrscheinlichkeit 1 irgendwann einmal ein absoluter Ausgleich ein (ohne Zero); Ergebnis = +/– 0.

Beispiel: Einsatz 1 Stück pro Doppelchance:

Ergebnis Nachsatz gewinnt: = +2 – 1 = Saldo +1 (Anteil = 66,6 %)
Ergebnis Nachsatz verliert: = –2 (Anteil = 33,3 % * 2 = 66,6 %)

Wird auf den Wechsel von der Doppelchance auf die Einzelchance gesetzt, ist das Verhältnis genau umgekehrt (66,6 % Verlust von einem Stück und 33,3 % Gewinn von zwei Stücken = 66,6 %) mit dem gleichen Ergebnis von +/– 0! Unter Berücksichtigung von Zero wird jedoch auf Dauer ein Verlust von 2,7 % eintreten.

B) Spiel auf Dutzende und Kolonnen

Die Gewinnwahrscheinlichkeit bei Kolonnen/Dutzenden liegt bei 32,42 %.

Wie schon durch Marigny de Grilleau bekannt, hat dieser mit seinem System bei den Dutzenden und Kolonnen und einer eingesetzten Verlustprogression Gewinne erzielt. Jedoch war auch hier die Hauptgefahr für dauerhaften Gewinn das unbarmherzige Eintreffen von Zero.

Es geht also darum, den Zerovorteil der Bank von 2,7 % bei Drittelchancen deutlich zu verringern oder sogar zu egalisieren.

1. Aufgabenstellung

Ein System, welches die Finanzierbarkeit (Kapitalbedarf), Durchführbarkeit (Satzentscheid in der notwendigen Zeit), Berechenbarkeit, Formalisierbarkeit (buchungstechnisch) und Korrigierbarkeit gewährleistet!

Das Spielsystem soll die erforderliche Mindestanzahl von 1.000 bis 10.000 Einsätze erreichen, um ein aussagekräftiges Ergebnis zur erzielen (van Keelen-Test: 1.000 gesetzte Zahlen im Gleichsatz = mehr als 50 Stücke Gewinn, 8.000 gesetzte Zahlen = mehr als 40 Stücke Gewinn, 100.000 gesetzte Zahlen = mehr als 2.000 Stücke Gewinn).

2. Vorgehensweise

Um o. g. Bedingungen zu erfüllen wird die Computertechnik zur Hilfe genommen.

Nach umfangreichen PC-Tests wurde das Spielsystem im Online- und Realcasino mit mindestens 1.000 Einsätzen validiert.

Zum Einsatz kommen PCs unter dem Betriebssystem Windows (©Microsoft) sowie die Basic-Entwicklungsprogramme GW-Basic und Quickbasic (©Microsoft). Mit diesen Programmen können mit dessen Random-Generator Roulette-Zufallszahlen (0 bis 36) generiert und ausgewertet werden. Statistik und statistische Analytik wird mit dem Programm EXCEL (©Microsoft) durchgeführt. Dies mit allen Vorteilen, welche die elektronische Datenverarbeitung bei der Verarbeitung großer Zahlenmengen bietet.

3. Die Systementwicklung Drittelchancen

a) *Die Häufigkeit der Zweierserien*

Tabelle A2, Seite 13, zeigt die Serienhäufigkeit der Chance Dutzende/Kolonnen, nachdem Zero integriert und ein Chancenpaar aus zwei Chancen (z. B. Kolonne 1 + 2) gebildet ist. Die Integration von Zero macht eine besondere Betrachtung von Zero an 3. Stelle einer Serie notwendig, denn diese führt bei einem Spiel auf Zweierserien zum Verlust. Wie oft erscheint eine Zweierserie in Folge, oder wie sehen die Unterbrechungen durch Serien > 2 der Doppelchancen aus? Kann daraus eventuell eine Einsatzstrategie für ein Spiel auf Zweierserien entwickelt werden?

A	B	C	D	E	F
	davon	Verlust	Gewinn	**Signal**	C / D
K-Chancen	Zero	mit Zero		**2er**	Faktor
K1-2	10	226	105	**331**	2,2
K2-3	8	215	112	**327**	1,9
K1-3	9	231	108	**339**	2,1
D-Chancen					
D1-2	6	232	96	**328**	2,4
D2-3	6	232	109	**341**	2,1
D3-1	7	218	113	**331**	1,9
Summe	**47**	**1354**	**643**	**1997**	
1/6	8	226	107	**333**	2,1
	2,4%	67,9%	32,1%	100,0%	

Tabelle B1

Zu Tabelle B1:
Untersucht werden die Häufigkeiten der Zweierserien bei allen 6 verschiedenen Chancenpaaren bei 10.000 Coups. Ergebnis bei Chancen K1/2 : 3: 331 Einsatzzweier, davon folgte in 226 Fällen eine Serie > 2 Coups (davon 10 durch eine Serie Zero 3. Stelle), 105 Mal folgt eine Zweierserie. Die rot und grün markierten Spalten zeigen die Serienhäufigkeit bei 10.000 Coups.

Gewinn und Verlust werden in dieser Auswertung danach ausgewertet, wenn nach einer Zweierserie (Signalzweier) und einem weiteren Zweier (Einsatzzweier) auf einen Chancenwechsel gesetzt wird. Der Schnitt für eine Chance wird in der Zeile 1/6 dargestellt. Das Gewinn-Verlustverhältnis beträgt 1 : 2,1.

Das Ergebnis zeigt eine Gewinnquote von 32,1 % (643) bei einem Gesamteinsatz von 1.997 Einsätzen, die Verlustquote durch Zero liegt bei 2,4 % (47). Die Werte entsprechen mit leichten Abweichungen den bekannten und zu erwarteten Quoten (67,6 : 32,4 = 2,08).

b) *Die Verteilung der Zweierserien*

Basis des Spieles nach Serien ist Anzahl und Verteilung von auftretenden Zweierserien der Doppelchance durch Einsatz auf dessen Wechsel auf die Einzelchance bei Kolonnen und Dutzenden.

Beispiel einer Erscheinungshäufigkeit der Serien:

Coup	K2	K1/3
1		1
2		34
3	32	
4		12
5		18
6	32	
7		3
8	23	
9		34
10	35	
11		4
12		7
13	26	
14	17	
15		9

2er – 2er – 1er – 1er – 2er .... Serienfolge.

Die Häufigkeit der Zweierserien (Tabelle A2) ist bekannt. Die Verteilung und der Zeitpunkt des Auftretens der Zweierserien in einer Permanenz kann sehr gut mittels EDV-Programmen ermittelt werden.

Eine Wiederholung einer Zweierserie beim Einsatz auf den Wechsel der Chance (z. B. Kolonne 1/3 und Wechsel auf Kolonne 2), bevor eine Serie > 2 erscheint, wäre ein Gewinnspiel würde auf Zweierserien gespielt.

Die erste Zweierserie wäre somit der Signalzweier, die nächste begonnene Zweierserie der Einsatzzweier.

c) *Der Einsatz auf Zweierserien bei Drittelchancen*

Marigny de Grilleau ist bekannt durch sein Werk *„Ein Stück pro Angriff“*. Er hat aber auch die Gewinnmöglichkeiten auf die Mehrfachchancen untersucht, auch Dutzende und Kolonnen. Hier besonders das Ausbleiben einer Chance gegenüber den beiden anderen. Diese Theorie ist die Basis für die bereits in Teil A, Punkt 2, durchgeführte Gitterung der Coups in den Auswertungsprogrammen. Marigny schlägt eine Verlustprogression nach 12-maligem Ausbleiben einer Chance vor, die 15 Stufen erreicht. Aber auch hier besteht das Risiko von Zero innerhalb der Verlustprogression! Es stellt sich jedoch die Frage: Wie häufig ist eine Serie aus den uns jetzt bekannten Zweierserien aus Doppelchancen?

Bei u. g. Beispiel der Gitterung von zwei Dutzendchancen wird die Null in die zuvor gefallene Coupserie integriert, die Null wird einfach wie eine 37. Zahl behandelt. Fällt die Null in einer Serie z. B. 1 + 2 Dutzend, wird sie in diese Serie integriert, fällt sie in die Einzelchance (3. Dutzend) in deren Reihenfolge.

Diese Vorgehensweise ermöglicht eine reproduzierbare Vorgehensweise für eine Untersuchung der Zweierserien in einer ausreichend großen Anzahl von Permanenzen unter Berücksichtigung von Zero.

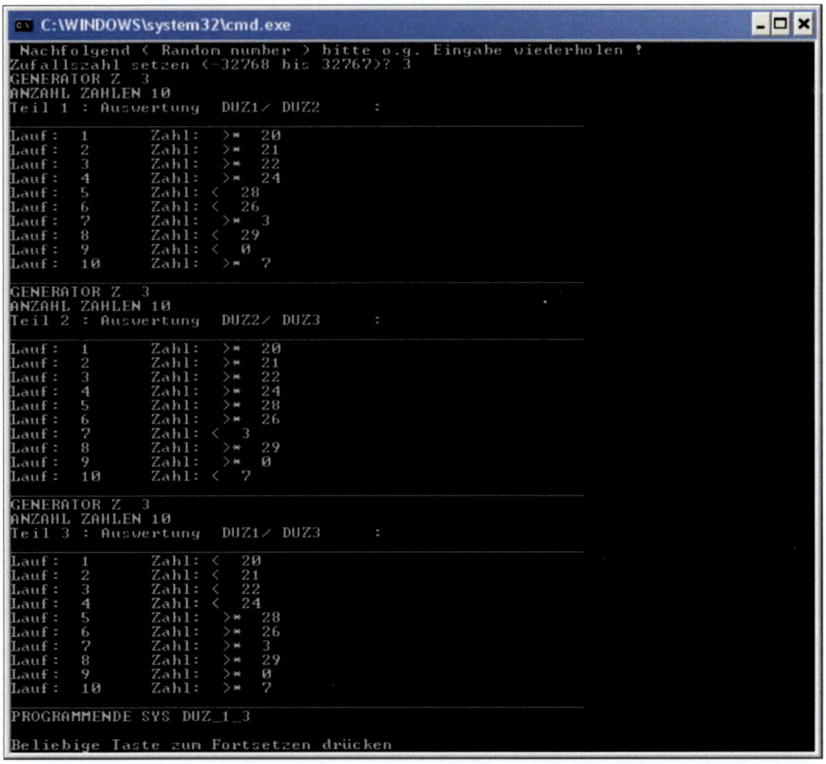

```
C:\WINDOWS\system32\cmd.exe
 Nachfolgend ( Random number ) bitte o.g. Eingabe wiederholen !
Zufallszahl setzen (-32768 bis 32767)? 3
GENERATOR Z  3
ANZAHL ZAHLEN 10
Teil 1 : Auswertung  DUZ1/ DUZ2      :

Lauf:  1       Zahl:  >*  20
Lauf:  2       Zahl:  >*  21
Lauf:  3       Zahl:  >*  22
Lauf:  4       Zahl:  >*  24
Lauf:  5       Zahl: <   28
Lauf:  6       Zahl: <   26
Lauf:  7       Zahl:  >*  3
Lauf:  8       Zahl: <   29
Lauf:  9       Zahl: <   0
Lauf:  10      Zahl:  >*  7

GENERATOR Z  3
ANZAHL ZAHLEN 10
Teil 2 : Auswertung  DUZ2/ DUZ3      :

Lauf:  1       Zahl:  >*  20
Lauf:  2       Zahl:  >*  21
Lauf:  3       Zahl:  >*  22
Lauf:  4       Zahl:  >*  24
Lauf:  5       Zahl:  >*  28
Lauf:  6       Zahl:  >*  26
Lauf:  7       Zahl: <   3
Lauf:  8       Zahl:  >*  29
Lauf:  9       Zahl:  >*  0
Lauf:  10      Zahl: <   7

GENERATOR Z  3
ANZAHL ZAHLEN 10
Teil 3 : Auswertung  DUZ1/ DUZ3      :

Lauf:  1       Zahl: <   20
Lauf:  2       Zahl: <   21
Lauf:  3       Zahl: <   22
Lauf:  4       Zahl: <   24
Lauf:  5       Zahl:  >*  28
Lauf:  6       Zahl:  >*  26
Lauf:  7       Zahl:  >*  3
Lauf:  8       Zahl:  >*  29
Lauf:  9       Zahl:  >*  0
Lauf:  10      Zahl:  >*  7

PROGRAMMENDE SYS DUZ_1_3

Beliebige Taste zum Fortsetzen drücken
```

Im o. g. Beispiel bei den Dutzendchancen fällt im 9. Coup die Zahl 0 und wird in die bereits bestehende Serie integriert.

```
C:\WINDOWS\system32\cmd.exe
ANZAHL ZAHLEN 11
Teil 1 : Auswertung   DUZ1/ DUZ2      :
------------------------------------------------------------
Lauf:  1      Zahl:  >*  13
Lauf:  2      Zahl: <  29
Lauf:  3      Zahl:  >*  5
Lauf:  4      Zahl:  >*  21
Lauf:  5      Zahl:  >*  18
Lauf:  6      Zahl: <  33
Lauf:  7      Zahl:  >*  16
Lauf:  8      Zahl: <  35
Lauf:  9      Zahl: <  29
Lauf:  10     Zahl: <  0
Lauf:  11     Zahl:  >*  18
------------------------------------------------------------
GENERATOR Z  6
ANZAHL ZAHLEN 11
Teil 2 : Auswertung   DUZ2/ DUZ3      :
------------------------------------------------------------
Lauf:  1      Zahl:  >*  13
Lauf:  2      Zahl:  >*  29
Lauf:  3      Zahl: <  5
Lauf:  4      Zahl:  >*  21
Lauf:  5      Zahl:  >*  18
Lauf:  6      Zahl:  >*  33
Lauf:  7      Zahl:  >*  16
Lauf:  8      Zahl:  >*  35
Lauf:  9      Zahl:  >*  29
Lauf:  10     Zahl:  >*  0
Lauf:  11     Zahl:  >*  18
------------------------------------------------------------
GENERATOR Z  6
ANZAHL ZAHLEN 11
Teil 3 : Auswertung   DUZ1/ DUZ3      :
------------------------------------------------------------
Lauf:  1      Zahl: <  13
Lauf:  2      Zahl:  >*  29
Lauf:  3      Zahl:  >*  5
Lauf:  4      Zahl: <  21
Lauf:  5      Zahl: <  18
Lauf:  6      Zahl:  >*  33
Lauf:  7      Zahl: <  16
Lauf:  8      Zahl:  >*  35
Lauf:  9      Zahl:  >*  29
Lauf:  10     Zahl:  >*  0
Lauf:  11     Zahl: <  18
------------------------------------------------------------
PROGRAMMENDE SYS DUZ_1_3

Beliebige Taste zum Fortsetzen drücken
```

In o.g. Coupfolge ist die 10. Zahl Zero und führt bei der Gitterung der Doppelchance (Dutzend 1 + 3) zu einer Zweierserie (weil Zero beim 3. Coup vorkommt), vergleichbar mit dem 4. Coup bei der Zahl 21, welche im 2. Dutzend liegt und ebenfalls zu einer Zweierserie führt.

Annahme, die nach dem 4. Coup erreichte Zweierserie ist unser Signalzweier für den Angriff. Bei Erscheinen einer weiteren Zweierfolge (Dutzend 1 + 3) durch den 8. und 9. Coup (Zweier für den Einsatz) wird der Einsatz auf Wechsel der Chancen gesetzt. In 2,7 % der Fälle ist Zero an dieser Stelle die Ursache für den Verlust, so als wäre in obigem Beispiel eine Zahl aus dem 2. Dutzend gefallen. Gewinn und Verlust hängen also von der Häufigkeit und Verteilung der Zweierserien sowie von Zero an 3. Stelle der Serie ab!

Tabelle B1, Seite 15, zeigt das Ergebnis, wenn immer nur innerhalb einer Chance (z.B. Kolonne 1 + 2 : 3) gespielt wird, oder wenn alle 6 Möglichkeiten gesetzt werden. Keine Zeroaufhebung, kein Gewinn auf Dauer. Ein Verlust könnte immer wieder durch eine Verlustprogression ausgeglichen werden. Dies ist jedoch keine neue Erkenntnis. Doch es droht irgendwann der Einsatzverlust durch Zero.

Es lässt sich statistisch genau feststellen, wie oft im Nachsatz oder Wechsel einer Zweierserie ein Gewinn oder Verlust auftreten kann.

Ebenso lässt sich feststellen, wie viele Zweierserien als Signalzweier und Einsatzzweier durchschnittlich in einer Permanenz erreicht werden. Ebenso in welcher Häufigkeit diese in Folge auftreten.

d) *Das Spiel mit allen möglichen 6 Drittelchancen*

Nun wird die Häufigkeit und Verteilung der Zweierserien auf **allen 6** Chancenmöglichkeiten untersucht. Interessant ist die Gitterung der Permanenz für alle 6 Setzmöglichkeiten (siehe Seiten 17 und 18), welche sich bei diesem Beispiel für 3 Dutzendspiele und auch für 3 Kolonnenspiele ergeben und hier besonders das Verhältnis der Zweierserien aller 6 Chancenmöglichkeiten zueinander. Der Einsatz eines Spielsystems, bei dem Zero in das Spiel intergiert ist, eine Setztechnik, die auf ermittelte Zweierserien bei Dutzenden und Kolonnen basiert, führt nachweislich zu einer Eliminierung des Bankvorteils durch Zero von 2,7 %! Es werden mindestens 33,3 % der Spiele auf Wechsel gewonnen. Das bringt den Spieler auf Dauer immer wieder zur NULLLINIE; d. h. er gewinnt und verliert nichts von seinem Spielkapital durch Zero.

C) ZEROLINE – die Gewinnquoten

1. Ein Spiel unter Berücksichtigung aller 6 Chancen

Der Weg zu Zeroline beginnt mit der Auswahl eines Spieltisches im Casino. An diesem Tisch wird zu einem **beliebigen Zeitpunkt** mit der Notierung der Coupfolge begonnen. Die Coupfolge wird in den 6 verschiedenen Möglichkeiten aufgezeichnet.

Es wird nur im Gleichsatz (masse égale) gespielt, d. h. immer mit unverändertem Einsatz.

Coup	Zahl KOL 3	Zahl KOL 1+2
1		**1**
2		**13**
3	24	
4		11
5		10
6	24	
7		32
8		17
9	27	

Coup	Zahl KOL 1	Zahl KOL 2+3
1	1	
2	13	
3		**24**
4		**11**
5	10	
6		24
7		32
8		17
9		27

Coup	Zahl KOL 2	Zahl KOL 1+3
1		1
2		13
3		24
4	11	
5		**10**
6		**24**
7	32	
8	17	
9		27

Coup	Zahl DUZ 3	Zahl DUZ 1+2
1		1
2		13
3		24
4		11
5		10
6		24
7	32	
8		17
9	27	

Coup	Zahl DUZ 1	Zahl DUZ 2+3
1	1	
2		**13**
3		**24**
4	11	
5	10	
6		24
7		32
8		17
9		27

Coup	Zahl DUZ 2	Zahl DUZ 1+3
1		1
2	13	
3	24	
4		**11**
5		**10**
6	24	
7		32
8	17	
9		27

Innerhalb der ersten 9 Coups zeigt sich in diesem Beispiel bei 5 von 6 Möglichkeiten eine Signal-Zweierserie bei den zwei zusammengefassten Chancen. Die Chancenpaare mit einer Signal-Zweierserie sind:

KOL1/2 : 3 (Coup 3); KOL2/3 : 1 (Coup 5); KOL1/3 : 2 (Coup 7);
DUZ2/3 : 1 (Coup 4); DUZ1/3 : 2 (Coup 6); keine bei DUZ1/2 : 3.

Der erste Zweier ist ein **Signalzweier** der Chancen für das Systemspiel auf Zeroline (KOL 1 + 2 in obiger Tabelle).

Nun wird auf die **nächste Zweier-Coupfolge (Einsatzzweier)** gewartet. Dann besteht die Möglichkeit, auf den Wechsel der Einzelchance (ein Einsatz) oder auf Nachsatz der Doppelchance (zwei gleich große Einsätze) zu setzen. Wird auf den Wechsel gesetzt, entspricht dies einem Spiel auf eine neue Zweierserie der Doppelchance. Beim Satz auf Wechsel (3. Kolonne) führt dies bei der Chance K1/2 : 3 beim 6. Coup (Zahl 24) zum Gewinn. Würden alle möglichen Einsätze innerhalb 9 Coups auf Wechsel getätigt, führt dies bei der Chance K2/3 beim 8. Coup (Zahl 17) zum Verlust. Verloren wird auch bei der Chance DUZ2/3 : 1 beim Satz auf das erste Dutzend bei Coup 8 (Zahl 17).

Von den 6 Chancenmöglichkeiten an diesem Tisch ist eine erfolgreich würde auf Wechsel der Chance gesetzt. Zwei verlieren, drei kommen innerhalb 9 Coups nicht zum Einsatz. Im Nachsatzspiel wäre das Ergebnis bei allen Chancen genau umgekehrt.

Tabelle B1, Seite 15, hat bereits statistisch untersucht, wie die Ergebnisse **jeder einzelnen der 6 Möglichkeiten** auf Dauer ausfallen, wenn 10.000 Coups lang innerhalb einer Chance gespielt wird. Die Gewinnquote von 32,4 % beim Wechselspiel bei Kolonnen und Dutzenden dabei wird bestätigt.

2. Das Spiel mit einer ausgewählten Chance

Um ein Spiel auf Zeroline ohne großen Aufzeichnungsaufwand und Einsatzzeit zu erreichen, wurde untersucht, wie sich das Spiel durch Auswahl einer von 6 Möglichkeiten verhält.

Die Chancenauswahl erfolgt durch den zuerst erscheinenden Signalzweier.

In o. g. Beispiel ist dies die Drittelchance KOL1/2 : 3 bei Coup 3 (Zahl 24). Die Signalzweier der anderen Chancen erfolgen zu einem späteren Zeitpunkt. Die Auswahl ist getroffen und der Einsatz auf Wechsel erfolgt bei Coup 6, nachdem mit den Zahlen 11,10 (Kolonne 1und 2) wieder eine Zweierserie gefallen ist. Der Gewinn auf Wechsel erfolgt mit Coup 6 durch die Zahl 24.

Der Tisch wird gewechselt und das Spiel mit Chancenauswahl 1 aus 6 durch den ersten Signalzweier sowie dem Satz auf Wechsel oder Nachsatz nach der nächsten Zweierfolge fortgesetzt.

(Hinweis: Tests haben gezeigt, dass auch weitere Einsätze am gleichen Tisch möglich sind, das heißt wieder weiter innerhalb der gleichen Permanenz mit Signalzweier und Einsatzzweier bis die Permanenz endet.)

Wichtig: Das Spielsystem wird nun grundsätzlich auf Chancenwechsel gespielt, nie im Wechsel zum Nachsatzspiel. Die Zeroline wird durch eine absolute Gewinnquote nach Spielen von >= 33,3 % erreicht.

Untenstehende Tabelle zeigt das Testergebnis nach 14.998 Spielen:

	Serien Häufigkeit	Anteil %	mit Einsatz Anzahl Spiel	inkl.Zero verl.Spiele insgesamt	Spielergebnis Summe Serie	pro Serie
b0	1747	32,8	1747	0	3494	2
b1	1270	23,8	2540	1270	1270	1
b2	764	14,3	2292	1528	0	0
b3	508	9,5	2032	1524	-508	-1
b4	347	6,5	1735	1388	-694	-2
b5	234	4,4	1404	1170	-702	-3
b6	153	2,9	1071	918	-612	-4
b7	311	5,8	2177	2177	-2177	-7
	5334	100	14998	9975	**71**	
		gew:	5023	66,50%		
			33,50%			

Das Ergebnis liegt um 164 Gewinnspiele über dem nach der Roulettetheorie (4.859) Möglichen.

Es werden 5.023 Spiele gewonnen und 9.975 verloren. Ohne Progressionseinsätze gäbe es einen Überschuss von +71. Die Gewinnspielquote liegt bei 33,5 %. Bei 15.000 Spielen ist das kein Zufallsergebnis mehr.

Das wichtige und entscheidende Spiel nach Serien (b0 bis b7) wird an einem späteren Punkt erläutert. Durch welche Eigenschaften werden diese Gewinnquoten erreicht?

A	B	C	D	E	F	G	H	I	J
G/V	**Anzahl Spiele 6 Chancen**	Anteil %	**Spiele Potential** GEW	VERL	GES	**Auswahl GEW** 1 aus 6	**Anteil Gesamt** %	**mathem.** Sollanteil %	B * I GEW
0/6	100	10,0	0	600	600	0	0	0	0
1/5	280	28,0	280	1400	1680	49	17,5	16,67	47
2/4	336	33,6	672	1344	2016	128	38,1	33,33	112
3/3	184	18,4	552	552	1104	88	47,8	50,00	92
4/2	77	7,7	308	154	462	59	76,6	66,67	51
5/1	21	2,1	105	21	126	13	61,9	83,33	18
6/0	2	0,2	12	0	12	2	100	100	2
	1000	100	1929	4071	6000	339	33,9		322
			32,15%	67,9%		17	341,9	350	32,2%
							48,8	50	

Tabelle C1:

Zu Tabelle C1: Auswertung Computersimulation 1.000 Einsätze/Tische. Ermittelt wurden die Gewinn- und Verlustspiele beim Einsatz auf alle 6 Chancenmöglichkeiten (Potential) pro Tisch wie oben beschrieben (Satz auf Wechsel) und das Ergebnis, wenn pro Spiel nur eine Chance für den Einsatz ausgewählt wird. Es ergeben sich 7 Möglichkeiten (Spalte A, B), vom Verlieren aller 6 Chancen bis zum Gewinn aller 6 Chancen. Von 6.000 Gesamteinsätzen (1.000 x 6 Chancenpaare) werden 1.929 (32,15 %) (Spalte D) gewonnen. Dieses Ergebnis liegt in der Erwartung. Beim Auswahlspiel einer der 6 Möglichkeiten ergeben sich 339 Gewinne von 1.000 Einsätzen = 33,9 % (Spalte G)! Das Gewinnpotential wurde um 17 Gewinnspiele überschritten. Mehr als der mathematisch mögliche Gewinnanteil (Spalte I) sollte jedoch auf Dauer nicht erreicht werden, oder ist das doch möglich?

Bei 20.0000 Einsätzen (19.000 Computersimulationen und 1.000 Realcasino) wurde eine konstante absolute Gewinnquote von 33,4 % erzielt. Das Ergebnis hängt auch von der Verteilung der Gewinnwahrscheinlichkeiten nach Spalte B ab. Diese Quote wurde inzwischen durch 21.400 Einsätze (Computersimulation) bestätigt. Die gleiche Quote wurde durch ein Realspiel im Online-Casino in 1.000 Einsätzen erzielt. Die durch PC ermittelten Zufallszahlen und die daraus entwickelten Serien der Drittelchancen sowie die daraus ermittelten statistischen Werte wurden auch durch Permanenzen des Spielcasinos Wiesbaden sowie durch 1.000 Realspiele im Online-Casino validiert. Ebenso wurden Systemspiele in einem Casino in Deutschland getätigt.

D) Die Auswahl 1 aus 6

Das System setzt auf den Wechsel, nach dem ein erster Signalzweier der Doppelchance auftrat. Die Faktoren Zeit und Switchausfälle sind die Gründe für dieses Vorgehen.

(Switchausfall = Entstehen bei zwei oder mehr Chancen gleiche Startbedingungen für den Signalzweier, wird diese Einsatzmöglichkeit verworfen und ein neuer Tisch/Startpunkt gewählt.)

Coup	Zahl KOL 3	Zahl KOL 1+2	Coup	Zahl KOL 1	Zahl KOL 2+3	Coup	Zahl KOL 2	Zahl KOL 1+3
1	30		1		30	1		30
2	36		2		**36**	2		**36**
3		29	3		29	3	29	
4		35	4		35	4	35	
5	12		5		12	5		12
6		16	6	16		6		16
7		19	7	19		7		19
8		19	8	19		8		19
9		22	9	22		9		22
10		5	10		5	10	5	

Coup	Zahl DUZ 3	Zahl DUZ 1+2	Coup	Zahl DUZ 1	Zahl DUZ 2+3	Coup	Zahl DUZ 2	Zahl DUZ 1+3
1	30		1		30	1		30
2	36		2		**36**	2		**36**
3	29		3		29	3		29
4	35		4		35	4		35
5		12	5	12		5		12
6		16	6		16	6	16	
7		19	7		19	7	19	
8		19	8		19	8	19	
9		22	9		22	9	22	
10		5	10	5		10		5

Gleich bei welchem Lauf mit einem Spiel von der Doppelchance auf Wechsel gespielt werden will, gibt es immer 4 von 6 gleichen Startmöglichkeiten.

Beispiel: Es soll vom 2. Coup aus auf Wechsel gespielt werden.

Dies ist die Zahl 36, bei K 1 + 2 und D 1 + 2 ist kein Start von der Doppelchance auf Wechsel möglich.

Möchte man nicht alle, sondern immer nur eine Chance spielen, ist bei 4 gleichen Startmöglichkeiten eine Auswahl nur subjektiv möglich. Eine gleichmäßige Verteilung der Startchancen auf alle 6 Chancen ist dann auf Dauer nicht mehr gewährleistet.

Beispiel für den Sofortstart bei Coup 1 und kein Abwarten auf einen Signalzweier:

Dabei gibt es eine gegenseitige Beeinflussung für die Gewinnmöglichkeit beim Sofortstart:

Coup	Zahl KOL 3	Zahl KOL 1+2
1	3	
2		14
3		35
4		10
5		34
6	6	
7	36	
8		8
9		7
10		2

Coup	Zahl KOL 1	Zahl KOL 2+3
1		**3**
2		14
3		35
4	10	
5	34	
6		6
7		36
8		8
9	7	
10		2

Coup	Zahl KOL 2	Zahl KOL 1+3
1		**3**
2	14	
3	35	
4		10
5		34
6		6
7		36
8	8	
9		7
10	2	

Coup	Zahl DUZ 3	Zahl DUZ 1+2
1		**3**
2		14
3	35	
4		10
5	34	
6		6
7	36	
8		8
9		7
10		2

Coup	Zahl DUZ 1	Zahl DUZ 2+3
1	3	
2		14
3		35
4	10	
5		34
6	6	
7		36
8	8	
9	7	
10	2	

Coup	Zahl DUZ 2	Zahl DUZ 1+3
1		**3**
2	14	
3		35
4		10
5		34
6		6
7		36
8		8
9		7
10		2

Ein Gewinn bei K 1 + 3 schließt einen Gewinn bei K 2 + 3 aus, ebenso verhält es sich bei D 1 + 2 und D 1 + 3.

G/V	6 Chancen	Anteil %	GEW	VERL	GES
0/6	18	7,2	0	108	108
1/5	69	27,6	69	345	414
2/4	100	40	200	400	600
3/3	56	22,4	168	168	336
4/2	7	2,8	28	14	42
5/1	0	0	0	0	0
6/0	0	0	0	0	0
Summe	250	100	465	1035	1500
			31%	69%	

Tabelle C2: Ergebnis 6 Chancen mit Switchspielen im Sofortstart

In obigem Beispiel wurden 1.500 Einsätze (250 Tische * 6) ausgewertet. Durch die Abhängigkeit der Chancenpaare beim Soforteinsatz ohne Wartezeit gibt es in diesem Fall keine Gewinnmöglichkeit 5 von 6 oder 6 von 6. Dies führt auch zu einer geringeren Gesamtgewinnquote (hier 31 %), mit Sicherheit werden weder 33,3 % noch 32,4 % (Standard) erreicht.

Die Wartezeit durch Signalcoups:
Die nächste Möglichkeit wäre das Abwarten eines Signaleiners bei den Chancen sowie einem Einsatzeiner:

Coup	Zahl KOL 3	Zahl KOL 1+2	Coup	Zahl KOL 1	Zahl KOL 2+3	Coup	Zahl KOL 2	Zahl KOL 1+3
1	27		1		27	1		**27**
2		**20**	2		20	2	20	
3	9		3		9	3		**9**
4		**4**	4	4		4		**4**
5		**10**	5	10		5		10
6		16	6	16		6		16
7	9		7		**9**	7		9
8		13	8	13		8		13
9		35	9		**35**	9	35	
10		13	10	**13**		10		13

Coup	Zahl DUZ 3	Zahl DUZ 1+2	Coup	Zahl DUZ 1	Zahl DUZ 2+3	Coup	Zahl DUZ 2	Zahl DUZ 1+3
1	27		1		27	1		**27**
2		20	2		20	2	20	
3		9	3	9		3		**9**
4		4	4	4		4		**4**
5		10	5	10		5		10
6		16	6		**16**	6	16	
7		9	7	9		7		9
8		13	8		**13**	8	13	
9	35		9		**35**	9		35
10		13	10		13	10	13	

Oben: Nach dem ersten Signaleiner wird bei der nächsten Möglichkeit auf Wechsel gespielt. K 1 + 3 und D 1 + 3 stellen einen Switchfall dar.

Auf lange Zeit entsteht hierbei eine Switchquote von ca. 50 % der Spiele d. h. spielpraktisch jedes 2. Spiel wird ausgesetzt, diese Vorgehensweise bedeutet sehr viel an Wartezeit auf einen Einsatz.

Aus diesem Grund werden Signalzweier zur Chancenauswahl verwendet. Bei dem Auswahlsystem 1 aus 6 Chancen durch einen Signalzweier kommt es in ca. 25 % der Fälle vor, dass bei 2 oder mehr Chancen bei Coup 3 (oder später) gleichzeitig ein Signalzweier auftritt (Tabelle unten: KOL 1 + 2 und DUZ 1 + 3). Das Spiel an diesem Tisch wird verworfen und am gleichen Tisch ein paar Coups später oder an einem anderen Tisch an einer neuen Permanenz fortgesetzt.

Coup	Zahl KOL 3	Zahl KOL 1+2		Coup	Zahl KOL 1	Zahl KOL 2+3		Coup	Zahl KOL 2	Zahl KOL 1+3
1		**5**		1		5		1	5	
2		**0**		2		0		2	0	
3	24			3		24		3		24
4		19		4	19			4		19
5		8		5		8		5	8	
6	3			6		3		6		3
7		29		7		29		7	29	
8		5		8		5		8	5	
9		20		9		20		9	20	

Coup	Zahl DUZ 3	Zahl DUZ 1+2		Coup	Zahl DUZ 1	Zahl DUZ 2+3		Coup	Zahl DUZ 2	Zahl DUZ 1+3
1		5		1	5			1		**5**
2		0		2	0			2		**0**
3		24		3		24		3	24	
4		19		4		19		4	19	
5		8		5	8			5		8
6		3		6	3			6		3
7	29			7		29		7		29
8		5		8	5			8		5
9		20		9		20		9	20	

Wie sieht bei dieser Vorgehensweise die Verteilung der Auswahlgewinne im Potential aus? Es wurden 1.904 Tische * 6 Einsätze ausgewertet:

G/V	6 Chancen	Anteil %	GEW	VERL	GES
0/6	181	9,5	0	1086	1086
1/5	556	29,2	556	2780	3336
2/4	617	32,4	1234	2468	3702
3/3	373	19,6	1119	1119	2238
4/2	137	7,2	548	274	822
5/1	36	1,9	180	36	216
6/0	4	0,2	24	0	24
Summe	1904	100	3661	7763	11424
			32,04%	67,95%	

Tabelle C3: Ergebnis ohne Switchspiele

Es zeigen sich deutliche Unterschiede zum Soforteinsatz (Tabelle C2), besonders bei den G+V-Fällen 5/1 und 6/0, welche dort ja überhaupt nicht vorkommen. Das Gesamtgewinnpotential ist in diesem Test 32,04 %. Die Einsatzweise (Soforteinsatz, Signaleiner oder Signalzweier) entscheidet demnach über die Verteilung der Häufigkeiten der Gewinnmöglichkeiten und der Gesamtgewinnquote und somit auch unmittelbar über die Gewinnquote bei der Auswahl 1 aus 6!

Die Auswahl der Spielchance durch den Signalzweier (Zufallsprinzip) führt auf Dauer auch dazu, dass jede der 6 Spielchancen gleich oft gespielt wird. Dies könnte man auch durch einen Würfel mit 6 Möglichkeiten (1–6) mit dem gleichen Ergebnis erreichen. Jedoch würden bei dieser Vorgehensweise viel mehr Coups bis zum Einsatz benötigt werden, weil dann die Signalzweier in der Auswahlchance erst nach einer größeren Anzahl von Coups erscheinen könnten. Die Auswahl des ersten Signalzweiers optimiert den Zeiteinsatz, der Verzicht auf Switchstarts gewährt die gleichmäßige Zufallsverteilung auf alle 6 Chancen, da nicht willkürlich auf eine Chance gesetzt wird. Unterschiedliche Testserien zeigten bei anderen Spielweisen mit Signalserie und Einsatzserie (z. B. Signalzweier: Einsatz einer Serie) keine Gewinne auf Dauer.

Weitere Untersuchungen brachten folgende Erkenntnis zum Spielsystem:

Von den 15.000 Spielen wurde in einer Stichprobe von 6.300 Spielen festgestellt, dass die Zeroquote nicht wie erwartet bei 2,7 %, sondern bei 2,4 % liegt. Das Spielergebnis im Spiel auf Dutzende und Kolonnen bei 33,4 %. Dieser Wert liegt außerhalb eines möglichen Zufalls bei dieser Größe der Testbasis. Es sind 0,9 %, um welche das Spielsystem nach Spielen besser abschneidet als die Roulettetheorie! Wie kommt es zu diesem Ergebnis?

In einem Testumfang von 2.500 Tischen (1.904 ohne Switch) wurden die Spielergebnisse nach der Potentialanalyse untersucht. Da das Systemspiel mit einer Auswahl 1 aus 6 Chancen spielt, wurde das Ergebnis für alle (Potential) und für die Auswahl untersucht:

			Alle					1 aus 6
G/V	6 Chancen	Anteil %	GEW	VERL	GES	Zero P	VERL	GEW
0/6	181	9,5	0	1086	1086	29	181	0
1/5	556	29,2	556	2780	3336	90	454	102
2/4	617	32,4	1234	2468	3702	100	395	222
3/3	373	19,6	1119	1119	2238	60	179	194
4/2	137	7,2	548	274	822	22	40	97
5/2	36	1,9	180	36	216	6	10	26
6/0	4	0,2	24	0	24	1	0	4
Summe	1904	100	3661	7763	11424	308	1259	645
			32,05%	67,95%				33,80%
			Soll	67,60%	7723			610
			Soll	32,40%	3701			1294

Beim Systemspiel Auswahl 1 aus 6 (3 x Kolonnen und 3 x Dutzende) gibt es 7 verschiedene Gewinn- und Verlustmöglichkeiten; von Verlieren beim ersten Einsatz bis zu alle 6 Chancen gewinnen. Obige Tabelle zeigt das Ergebnis von 1.904 Einsätzen. Es wurden beim Spiel mit ALLEN (11.424) 6 Chancen 3.661 (32 %) gewonnen und 7.763 (68 %) verloren. Der theoretische Zeroanteil liegt bei 308 Fällen und wird ebenfalls auf die 7 Ergebnismöglichkeiten verteilt. **83,4 % des Zeropotentials werden durch gleichzeitige Gewinn- und Verlustspiele verhindert, um diese Zahl nimmt das Zeropotential ab. 16,6 % (1/6-Auswahl) sind 51 Zeroverlustspiele.**

Das Auswahlergebnis 1 aus 6 liegt bei 645 (33,8 %) Gewinnspielen und 1.259 (66,1 %) Verlustspielen einschließlich Zero. Natürlich ist die Gesamtanzahl von 1.904 Spielen noch nicht genug aussagekräftig, zeigt aber die mögliche Entwicklung. Die Auswahlspiele (1/6) sind deutlich erfolgreicher als das Potential. Wie kann das Gewinnpotential von 32,4 % überschritten werden?

E) Die Zeroverhinderung

Die Verteilung von Gewinn-, Verlust- und Zerospielen wird an folgendem Zahlenmodell erläutert:

Beispielbasis: 222 Spiele (verteilt auf 6 Chancen)
Spielpotential: 222 * 6 = 1.332
Zeropotential: 36 (Auswahlspiel = 6)
Gewinnpotential: 432 (Auswahlspiel = 72)
Verlustpotential: 864 (Auswahlspiel = 144)

Gewinn-, Verlust- und Zerotreffer verteilen sich gleichmäßig auf alle 6 Chancen. Es wurden die 36 potentiellen Zerotreffer aller 6 Chancen ausgewertet: Theoretisch fallen von 36 Zero 10 (27,8 %) mit Gewinntreffern zusammen, 20 (55,6 %) mit Verlusttreffern (kein Zero) und 6 (16,7 %) sind Zerotreffer, wenn pro Auswahlpotential keine Zerotreffer mehrfach auftreten.

Zeroverhinderungsfaktor: 36/30 = 1,2

Durch gleichzeitiges Vorkommen eines Verlustspieles, Zerotreffers oder Gewinnspieles in der Auswahlchance mit einem Zeropotential in den übrigen 5 Chancen kommt es somit zu einer Zeroverhinderung.

Es gilt im Normalfall: Zeropotential – Zeroverhinderung = Zerotreffer (36 – 30 = 6)

Mehrfachzero

Coup	Zahl KOL 3	Zahl KOL 1+2	Coup	Zahl KOL 1	Zahl KOL 2+3	Coup	Zahl KOL 2	Zahl KOL 1+3
1	6		1		6	1		**6**
2		28	2	28		2		**28**
3		35	3		**35**	3	35	
4		35	4		**35**	4	35	
5		1	5	1		5		1
6		17	6		17	6	17	
7	9		7		9	7		9
8	0		8		**0**	8		0
9	0		9		0	9		**0**
10		10	10	10		10		10

Coup	Zahl DUZ 3	Zahl DUZ 1+2	Coup	Zahl DUZ 1	Zahl DUZ 2+3	Coup	Zahl DUZ 2	Zahl DUZ 1+3
1		6	1	6		1		6
2	28		2		28	2		28
3	35		3		35	3		35
4	35		4		35	4		35
5		1	5	1		5		1
6		17	6		17	6	17	
7		9	7	9		7		9
8		0	8	0		8		0
9		0	9	0		9		0
10		10	10	10		10		10

Oben: erster Signalzweier bei K 1 + 3, Einsatz bei Coup 9, Verlust durch Zero. Weiterer Signalzweier (KOL 2 + 3) Einsatz bei Coup 8, Verlust durch Zero. Die Mehrfachzeros müssen nicht auf Kolonnen und Dutzende verteilt sein, diese können auch nur bei den 3 Dutzendchancen oder 3 Kolonnen vorkommen.

Es gibt somit 3 verschiedene Zeroverhinderungsfälle:

1.) Verlustspiel und ein (oder mehr) Zerofall bei den Restchancen.
2.) Gewinnspiel und ein (oder mehr) Zerofall.
3.) Zerotreffer und ein (oder mehr) Zerofall (siehe oben).

Dabei fallen in einer Auswahl 1 aus 6 immer 2 oder mehr Zerofälle zusammen, dadurch verändert sich die Zerotrefferquote!

Zeropotential – Zeroverhinderung – 1/6-Mehrfachzero (x) = Zerotreffer (36 – (30 + x) = 6 – x)

Eine ausreichend große Testserie belegt eine Quote von 8,6 % des Zeropotentials als Mehrfachzero.

Beispiel: Eine Spielserie 1 aus 6 von 1.000 Spielen enthält ein Zeropotential von 162 (27 * 6). 8,6 % davon sind Mehrfachzero = 14, bleiben 148 Zero für die Auswahl 1 aus 6 = 24, die Zeroquote sinkt von 2,7 % auf 2,4 % (1/6 von 14 = 2,3 Zeroverhinderung).
Ein Teil des Erfolges des Systemspiels.

F) Die Gewinnprogression

Es kann von einer Überlegenheit eines Systems gesprochen werden, wenn kein Gewinn erzielt, aber der Zerovorteil egalisiert oder reduziert werden konnte. Selbst wenn ein System einen geringen Verlust ausweist, der unter dem durch Zero verursachten Verlust liegt, besteht die Möglichkeit, dass sich mit einer angepassten Progression dennoch Dauergewinne erzielen lassen. Basis ist die bereits erwähnte Progression von Marigny de Grilleau bei Drittelchancen. Diese war eine Verlustprogression von 15 Stufen, beginnend mit einem Einsatz von 1 Stück bis 1.750 Stücke in der 15. Stufe. Der Gewinn betrug in der ersten Stufe 2 und in der 15. Stufe 50 Stücke. Der Totalverlust ist zwar sehr selten, aber doch wahrscheinlich.

Klar ist, dass ein System keine laufenden Dauergewinne oder -verluste erzeugt, sondern dies ein Wechselspiel von Gewinn und Verlust ist. Auf Dauer sollten eben, trotz Zero, die Gewinne die Verluste übersteigen.

Die Progressionsspiele

Um die Verluste bei einer Progression geringer zu halten, wurde als erster Schritt die Progressionsstufe von 15 auf 7 verringert. (nach max. 7 Verlusten Neustart der Progression).

Es wurden zwei verschiedene Progressionsmodelle entwickelt, welche auf den Endergebnissen der Häufigkeiten/Anteile der Serien basieren.

Basis für alle Progressionsspiele sind die Serienhäufigkeiten.

Wichtig bei allen Modellen ist, dass die 7 Progressionsstufen (mit Einsatz und mit virtuellen Einsätzen) zu Ende gespielt werden.

1. Progressionsmodell Marigny 1:

Stufe	Einsatz/Stück	Gewinn	Vorverlust	Saldo
Spiel1	6	12	0	12
Spiel2	4	8	6	2
Spiel3	1	2	10	-8
Spiel4	1	2	11	-9
Spiel5	1	2	12	-10
Spiel6	1	2	13	-11
Spiel7 +	1	2	14	-12
Spiel7 -	0	0	15	-15

Hinweis:
Coup 7+ = Gewinn im 7. Spiel
Coup 7– = Verlust im 7. Spiel

Die Ergebnisse nach 12.034 Einsätzen (PC-Test und Realspiel):

Serie	Häufigkeit	Saldo/Serie	Gew / Verl	Umsatz	Spiele, gesamt	Spiele gewonnen
b0	1433	12	17196	8598	1433	1433
b1	1021	2	2042	10210	2042	1021
b2	596	-8	-4768	6556	1788	596
b3	412	-9	-3708	4944	1648	412
b4	272	-10	-2720	3536	1360	272
b5	192	-11	-2112	2688	1152	192
b6	118	-12	-1416	1770	826	118
b7	255	-15	-3825	3825	1785	0
Summe	4299		**689**	42127	12034	**4044**

Ergebnis Progressionsmodell

Ergebnisinterpretation Marigny 1:

Es wurden 12.034 Coups in 4.299 Progressionsserien gespielt.
Von 12.034 Einsätzen wurden 4.044 (= 33,6 %) gewonnen.
Der Umsatz betrug 42.127 Stück. Der Gewinn liegt bei 689 Stück.

Der Gewinn liegt somit bei 1,6 % vom Umsatz. Der Sollzeroverlust würde im Normalfall bei 2,7 % vom Umsatz, –1.137 Stücke, betragen. Der Zeroverlust wurde mehr als ausgeglichen. Bei den Häufigkeiten der Serien erscheint die Serie b0 (d. h. Gewinn beim ersten Einsatz) mit 1.433 Mal von insgesamt 4.299 Serien, dies ist eine Quote von 33,3 %.

Zur Spielzeit: für eine Serie sind im Durchschnitt 2,8 Spiele notwendig.
Pro Spiel fallen im Schnitt 9 Coups, das macht ca. 25 Coups pro Serie.

2. Progressionsmodell Marigny 2

Stufe	Einsatz/Stück	Gewinn	Vorverlust	Saldo
Spiel1	1	2	0	2
Spiel2	2	4	1	3
Spiel3	3	6	3	3
Spiel4	1	2	6	-4
Spiel5	2	4	7	-3
Spiel6	3	6	9	-3
Spiel7 +	1	2	12	-10
Spiel7 -	0	0	13	-13

Ergebnis Progressionsmodell:

Serie	Häufigkeit	Saldo	Gew/Verl	Umsatz	Spiele	gewonnen
Serie b0	1433	2	2866	1433	1433	1433
Serie b1	1021	3	3063	3063	2042	1021
Serie b2	596	3	1788	3576	1788	596
Serie b3	412	-4	-1648	2884	1648	412
Serie b4	272	-3	-816	2448	1360	272
Serie b5	192	-3	-576	2304	1152	192
Serie b6	118	-10	-1180	1534	826	118
Serie b7	255	-13	-3315	3315	1785	0
Summe	4299		182	20557	12034	**4044**

Ergebnisinterpretation Marigny 2:

Die veränderte Progression führt zwar zu einem Ausgleich der Zeroverluste von 20.557 * 2,7 % = –555, jedoch ist der Gewinn mit +182 Stück relativ gering. Entscheidend bei den Progressionsspielen sind die gewählte Anzahl der Stufen sowie die Einsätze innerhalb der Progressionsstufen.

Nach der Festlegung der Progressionsstufen und der Ermittlung der Häufigkeiten des Auftretens der einzelnen Stufen können sehr einfach weitere Progressionsmodelle (Veränderung der Einsätze) innerhalb der 7 Stufen getestet werden.

Hoher Gewinn bei dem Progressionsspiel mit diesem (b0–b2) Modell:
Es gibt noch weitere Möglichkeiten, die Progression zu verändern, um die Gewinne zu steigern.

Diese Progressionseinsätze nutzen die prozentualen Besonderheiten der Serienanteile optimal: variable Progression, Ausstieg nach b2, Restspiele in der Serie nur virtuell.

Serie	Einsatz Spiel	Einsatz kumuliert	Saldo Serie
b0	1	1	2
b1	4	5	7
b2	3	8	1
b3	0	8	-8
b4	0	8	-8
b5	0	8	-8
b6	0	8	-8
b7	0	8	-8

Serie	variable Progression	Serien Häufigkeit	Anteil %	Anzahl Spiele	Saldo Serien	Umsatz je Serie	Umsatz gesamt
b0	2	1747	32,8	1747	3494	1	1747
b1	7	1270	23,8	2540	8890	5	6350
b2	1	764	14,3	2292	764	8	6112
b3	-8	508	9,5	2032	-4064	8	4064
b4	-8	347	6,5	1735	-2776	8	2776
b5	-8	234	4,4	1404	-1872	8	1872
b6	-8	153	2,9	1071	-1224	8	1224
b7	-8	311	5,8	2177	-2488	8	2488
	Summe	5334	100	14998	724		26633

%	Serie	Anzahl	Anteil	
32,8	b0	1747	46,20%	
23,8	b1	1270	33,60%	
14,3	b2	764	20,20%	
70,9	b0 bis b2	3781	100%	3,5 Stck.Schnitt / Gewinn
29,1	b3 bis b7	1553		-8 Stck. Schnitt / Verlust

pro 100 Serien		
246,5	13148	Stück Gewinn
232,8	-12424	Stück Verlust
13,7	724	Stück Saldo

Gegenüber dem Modell b1 erzielt dieses Progressionsmodell einen absolut höheren Gewinn (13,7 Stück statt 4 Stück pro 100 Serien), der Kapitaleinsatz ist höher, deshalb ist die Rendite mit 2,7 % auch niedriger. Für den Start sollte eine Risikokapitalreserve von mindestens Faktor 100 der Einsatzhöhe statt nur Faktor 25 (b1-Modell) vorgehalten werden.

Das 7-Stufenmodell:

Stufe	100	32,40%
b0	32,4	
Rest	67,6	
b1	21,9	
Rest	45,7	
b2	14,8	
Rest	30,89	
b3	10	
Rest	20,88	
b4	6,8	
Rest	14,12	
b5	4,6	
Rest	9,54	
b6	3,1	
Rest b7	6,4	

Tabelle D1, Roulettetheoretisches Modell

Tabelle D1 zeigt die Häufigkeiten der Stufen, wenn immer auf den Wechsel gespielt wird und wenn, wie bekannt, die Gewinnerwartung unter Berücksichtigung von Zero 32,4 % ist. Wird diese Quote über 7 Stufen fortgeführt, ergibt sich oben gezeigte Häufigkeitsverteilung der Stufen. Diese Werte führen zum bekannten Zeroverlust, wenn mit den genannten Systemen gespielt würde (Tabelle D1a).

	Häufigkeiten	G+V Serie	Summe	Umsatz	
b0	3240	2	6480	3240	
b1	2190	-1	-2190	2190	
b2	1480	-1	-1480	1480	
b3	1000	-1	-1000	1000	
b4	680	-1	-680	680	
b5	460	-1	-460	460	
b6	310	-1	-310	310	
b7	640	-1	-640	640	Zeroverlust
	10000		-280	10000	-2,80%

Tabelle D1a

Mit Tabelle D2 betrachten wir die Häufigkeitsverteilung von 7 Stufen bei der Testserie über 4.299 Serien (12.034 Spiele mit Einsatz).

Stufe	100%
b0	33,3
b1	23,7
b2	13,8
b3	9,8
b4	6,3
b5	4,5
b6	2,6
b7	5,9

Tabelle D2 aus der Testserie

Die Zeroline war bereits nach der ersten Stufe mit 33,3 % erreicht!

Stufe	100%
b0	33,4
b1	24,5
b2	15
b3	7,2
b4	6,4
b5	3,6
b6	3,9
b7	5,8

Tabelle D3 (1.000 Realspiele)

Die Daten der Tabelle stammen aus dem Realspiel von über 1.000 Einsätzen nach dem 7-Stufenmodell. Das ebenfalls die Zeroline nach der Anzahl der gewonnenen Spiele erreichte sowie mit Einsätze nach dem Progressionsmodell Marigny 1 einen Gewinn von +94 Stücken ausweist.

Erst durch das Systemspiel entstandene Abweichungen in den Serienanteilen ermöglichen, durch darauf angepasste, progressierte Spieleinsätze, Gewinne.

G) Das b1-Serienmodell

Eine weitere interessante Spieltechnik **ohne** Progression ist das Spiel auf die b1-Serie.

A	B	C		D
	Serie	C - B	Änderung	Änderung %
Serie	Anteil in %	100	Vorserie	Vorserie
b0	32,8	67,2	32,8	32,8
b1	23,8	43,4	23,8	35,4
b2	14,3	29,1	14,3	32,9
b3	9,5	19,6	9,5	32,6
b4	6,5	13,1	6,5	33,2
b5	4,4	8,7	4,4	33,6
b6	2,9	5,8	2,9	33,3
b7	5,8	0	5,8	
	100		100	

O. g. Tabelle zeigt die prozentualen Anteile von 5.334 Serien. Auffallend ist die Quote der Serie b1, d. h. einer Gewinnserie nach dem 2. Spiel mit einem Serienanteil von 23,8 %. Roulettetheoretisch sollte dieser Anteil bei ca. 22 % liegen. **Diese Serie kommt überproportional vor.**

Es kann ein Spielsystem durchgeführt werden, bei dem diese Abweichung genutzt wird. Eine Serie besteht aus **max. 7 Einsätzen**. Gespielt wird nach dem beschriebenen System mit den Signal- und Einsatzzweier-Serien unter Beachtung der Switchregel. Der erste Einsatz ist nur virtuell. Bei einem virtuellen Gewinn bei Spiel 1 erfolgt ein neuer Serienstart, wieder erster Einsatz virtuell. Nach einem Verlustspiel nun beim nächsten Spiel mit echtem Einsatz. Bei einem Gewinn erfolgt ein Neustart der Serie. Bei Verlust geht es virtuell weiter bis zum nächsten virtuellen Gewinn und somit dem Serienabschluss, oder weiter bis max. 7 verlorene Spiele. Danach Neustart der Serie usw. immer nach dem beschriebenen System (siehe Spielanleitung im Anhang).

Das Ergebnis: Serie b0-Spiele sind nur virtuell, kein Gewinn, kein Verlust (Anteil 32,8 %).

Serie b1, Anteile 23,8 % * 2 Stück Gewinn = 47,6 %.

Summe Serie b2 bis b7 = 43,4 % Verlust * 1 Stück. Differenz Gewinn +4,2 % (4,2 Stück pro 100 Serien). Das sind +210 Stück bei 5.334 Serien.

Der Kapitalaufwand ist geringer als bei den anderen Modellen, da nicht progressiert wird. D. h. bei längerem Ecart (Ausbleiben von Gewinnserien) ist der Kapitalbedarf deutlich geringer.

Die Rendite beträgt bei 100 Serien:
Kapitaleinsatz: 67 * 1 Stück = 67 (100 – 33 Serien ohne Einsatz)
Gewinn: 4 Stück (= 6 %) bei einem Einsatzfaktor von 1.
Zeitaufwand: 100 Serien entsprechen 280 Spielen, 1 Spiel ca. 9 Coups = 2.520 Coups.

Zusammenfassung:
Der Systemgewinn basiert grundsätzlich auf 2 Komponenten:
Zuerst vor allem auf der Auswahl einer Chance aus 6 Möglichkeiten und dadurch

1. **der Reduzierung der Zeroquote um 0,3 % auf 2,4 % durch Mehrfachzero.**
2. **der durch das System gewählten Einsatzzeitpunkte, der Begrenzung auf max. 7 Spiele pro Serie und der damit verbundenen Veränderung der Serienanteile (b1-Serie).**

Bei 14.998 Spielen:
1. **45 Zerotreffer weniger (14.998 * 2,4 % = 360 statt 405)**
2. **108 Verlusttreffer weniger (siehe Seite 46)**

H) Die Optimierung des b1-Spiels

In weiteren Tests wurde untersucht, auf welchen Effekt der Vorteil (prozentualer Anteil) der b1-Serien zurückzuführen ist. Hierzu wurden auch die Startbedingungen, d. h. mit welcher Art von Signalzweier die Chancenauswahl erfolgt, ausgewertet. Grundsätzlich sind 3 verschiedene Signalzweier möglich:

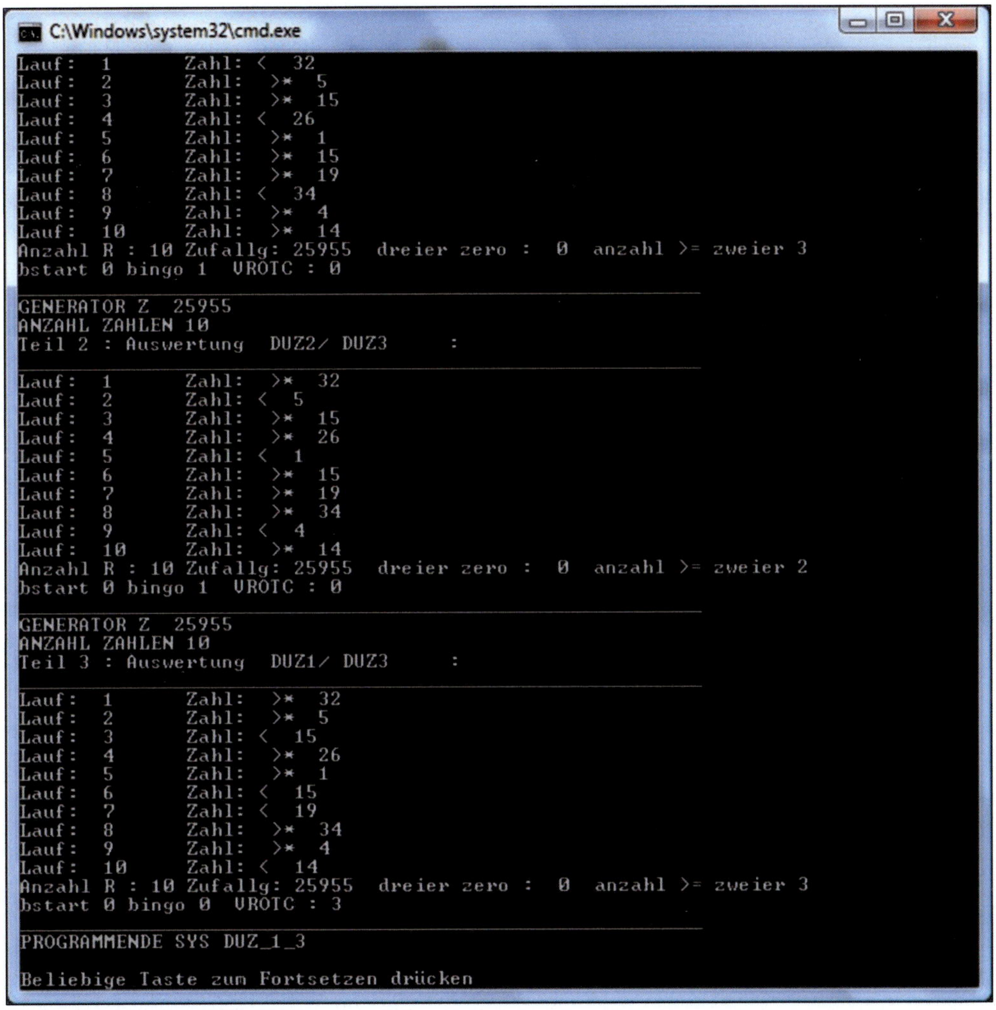

```
C:\Windows\system32\cmd.exe
Lauf:  1        Zahl: <  32
Lauf:  2        Zahl:  >*  5
Lauf:  3        Zahl:  >*  15
Lauf:  4        Zahl: <  26
Lauf:  5        Zahl:  >*  1
Lauf:  6        Zahl:  >*  15
Lauf:  7        Zahl:  >*  19
Lauf:  8        Zahl: <  34
Lauf:  9        Zahl:  >*  4
Lauf:  10       Zahl:  >*  14
Anzahl R : 10 Zufallg: 25955  dreier zero :  0  anzahl >= zweier 3
bstart 0 bingo 1  UROTC : 0

GENERATOR Z  25955
ANZAHL ZAHLEN 10
Teil 2 : Auswertung  DUZ2/ DUZ3     :

Lauf:  1        Zahl:  >*  32
Lauf:  2        Zahl: <  5
Lauf:  3        Zahl:  >*  15
Lauf:  4        Zahl:  >*  26
Lauf:  5        Zahl: <  1
Lauf:  6        Zahl:  >*  15
Lauf:  7        Zahl:  >*  19
Lauf:  8        Zahl:  >*  34
Lauf:  9        Zahl: <  4
Lauf:  10       Zahl:  >*  14
Anzahl R : 10 Zufallg: 25955  dreier zero :  0  anzahl >= zweier 2
bstart 0 bingo 1  UROTC : 0

GENERATOR Z  25955
ANZAHL ZAHLEN 10
Teil 3 : Auswertung  DUZ1/ DUZ3     :

Lauf:  1        Zahl:  >*  32
Lauf:  2        Zahl:  >*  5
Lauf:  3        Zahl: <  15
Lauf:  4        Zahl:  >*  26
Lauf:  5        Zahl:  >*  1
Lauf:  6        Zahl: <  15
Lauf:  7        Zahl: <  19
Lauf:  8        Zahl:  >*  34
Lauf:  9        Zahl:  >*  4
Lauf:  10       Zahl: <  14
Anzahl R : 10 Zufallg: 25955  dreier zero :  0  anzahl >= zweier 3
bstart 0 bingo 0  UROTC : 3

PROGRAMMENDE SYS DUZ_1_3

Beliebige Taste zum Fortsetzen drücken
```

Beim Dutzend 1/2 beginnt der Signalzweier nach einer Zahl (32) aus dem 3. Dutzend. Coup 2 und 3 bilden den Signalzweier.

Bei Dutzend 1/3 beginnt der Signalzweier sofort mit 2 Zahlen aus dem 1. und 3. Dutzend, ohne dass vorher eine Zahl aus dem 2. Dutzend (insgesamt 3 Coups) fiel. Diese 3 Coups-Signalzweier werden noch wichtig sein!

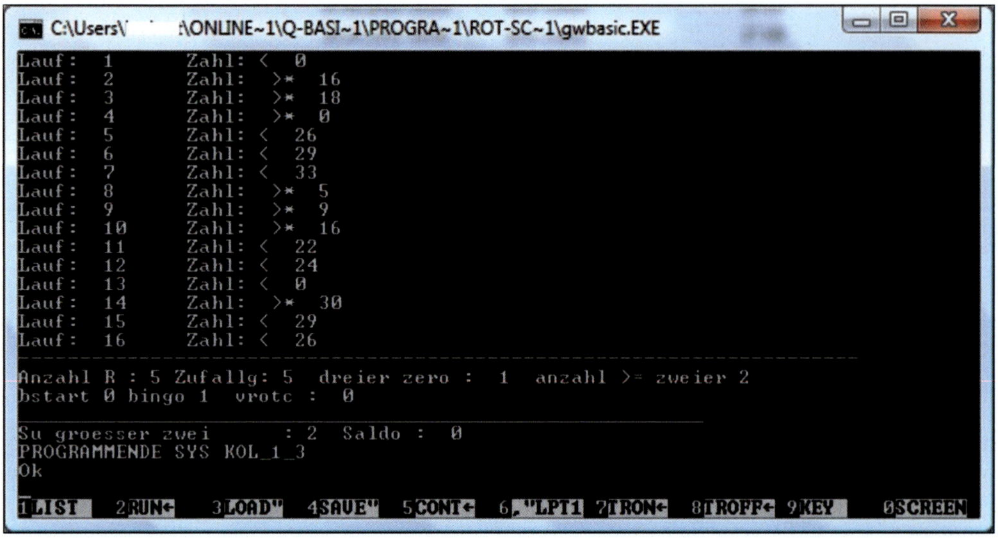

In o.g. Beispiel entsteht ein Signalzweier durch ein Zero an dritter Stelle.

Eine b1-Serie entsteht dadurch, dass nach einem Verlustspiel ein Gewinnspiel folgt. Das zweite Spiel einer Serie.

Im Testumfang der 5.334 Serien insgesamt gab es 1.270 b1-Gewinnserien. Dem stehen 2.317 Fälle (Serien >= b2) gegenüber, welche im zweiten Spiel verloren werden. Insgesamt gibt es 3.587 Einsätze als zweites Spiel einer Serie. Es wurden in einer repräsentativen Stichprobe (50 % von 5.334 Serien) folgende Ergebnisse ermittelt:

58 % der 3.587 Einsätze sind Fälle aus Start durch Signalzweier aus 3 Coups. Diese Quote ist jedoch für die Gewinn- und Verlustspiele nicht gleich. Bei den 1.270 Gewinnen der Serie b1 liegt diese Quote bei 62 %.

Bei den 2.317 Verlustfällen (Serien b2 bis b7) ist die Quote nur 56 %. Diese Unterschiede führen dazu, dass der b1-Serienanteil mit 23,8 % um 102 Fälle über dem theoretischen Roulettewert (21,9 % von 5334 = 1.168) liegt.

Ergebnisse beim Spiel mit Einsatzfaktor = 1:

A	B	C	D	E	F	G	H
	Gewinn 2.Spiel		Verlust 2.Spiel		Gesamt 2.Spiel		Gewinn B*GF-D
Alle b1 Serien	1270	35,40%	2317	64,60%	3587	100%	223
Gewinnfaktor(GF)	2						
3 Coups b1 Serien	787	62%	1298	56%	2085	58%	277
Gewinnfaktor(GF)	2	38%		62%	100%		
Restserien b1	483	38%	1019	44%	1502	42%	-54
Gewinnfaktor(GF)	2	32,10%		67,90%	100%		

Die Spiele auf b1 nach einem 3 Coups-Signalzweier sind für das Gesamtergebnis von Bedeutung. Vom Gesamtergebnis +223 stammen +277 aus dem 3 Coups/b1-Spiel, der Rest der b1-Spiele fuhr einen Verlust von –54 ein. Diese Erkenntnis führt zu dem Entschluss, nur noch die b1-Serien zu bespielen, welche aus dem Signalzweier aus 3 Coups stammen.

Ergebnis: Gewinnquotenänderung durch die b1-Systemspiele.

Nach der Roulettetheorie sind bei Dutzenden und Kolonnen max. 32,4 % Gewinnspiele möglich.

Durch das b1-Spiel hat sich die Gewinnquote auf 35,4 % und bei den 3 Coups/ b1-Spielen bis auf 38 % verbessert!

Untenstehende Tabelle zeigt die Abweichung zu den Ergebnissen der Roulettetheorie:

Die Zunahme der b1-Serien beruht auf diesem Effekt, 108 b1-Serien wurden durch die Spiele der 3 Coups-Signalzweier hinzugewonnen.

	Gewinn Spiele	Anteil %	Verlust Spiele	Anteil %	Gesamt Spiele	
Alle b1	1270	35,4%	2317	64,6%	3587	100%
Quote Rouletttherorie	1162	32,4%	2425	67,6%	3587	100%
Differenz RT	**108**					
3 Coups b1	787	38,0%	1298	62,0%	2085	100%
Quote Rouletttherorie	676	32,4%	1409	67,6%	2085	100%
Differenz RT	**112**					
Rest b1	483	32,1%	1019	67,9%	1502	100%
Quote Rouletttherorie	487	32,4%	1015	67,6%	1502	100%
Differenz RT	-4					

Wie kommt es zu der Abweichung bei den 3 Coups-Startspielen auf 62 % Anteil der Serie b1 und 56 % Anteil bei b2 bis b7? Das Systemspiel beruht auf der Einteilung der Spiele in 7 Serien, von b0 bis b7. Eine Serie mit z. B. 6 Verlustspielen ist eine b6-Serie, d. h. nach 6 Verlusten folgt das Gewinnspiel. Je größer die Serie, desto höher ist der Verlustspielanteil.

Die b7-Serien bestehen nur aus Verlustspielen. Beim Systemspiel resultieren ca. 61 % aller Verlustspiele aus 3 Coups-Signalzweiern. Das sind z. B. bei b6 mit 6 Verlustspielen im Schnitt 3,66 Verlustspiele (siehe Tabelle Seite 47). Ermittelt wurden die Quoten, wie oft bei Serien >= b2 das Verlustspiel auf das 2. Spiel der Serie fällt, wenn das Spiel aus einem 3 Coups-Signalzweier resultiert.

Bei den b6-Serien ist das nur in 10,5 % der Fall, bei b2 noch bei 46,4 %. Je mehr Verlustspiele eine Serie hat, desto weniger häufig fallen 3 Coups-Signalzweier-Verlustspiele auf das 2. Spiel in der Serie!

Die Verlustquote über alle Serien >= b2 beträgt insgesamt 56 %. Bei den b1-Gewinnspielen ist es umgekehrt, der Anteil der b1-Serien, verursacht durch 3 Coups-Signalzweier, ist mit 62 % höher als der Schnitt aller b1 bis b7 Serien von 58 %.

Diese Anteilsunterschiede führen zu den zusätzlichen Spielgewinnen.

A	B	C	D	E	F	G	H	I	J	K
	Häufigkeit	Spiele	b2-b7	Anteil	Anteil		Gewinn			
	Serie	Serie	Anzahl	Quote	3 Coups	Anteil	Spiele		J5 - H12	
b0	1747		Spiele	3Coups	Spiele	3C / b1	3Coups/b1	GF	Gewinn	F / B
b1	1270					62%	**787**	2	1575	
b2	764	2	1528	61%	932	46,4	432			1,22
b3	508	3	1524	61%	930	33,1	308			1,83
b4	347	4	1388	61%	847	22,5	191			2,44
b5	234	5	1170	61%	714	20,3	145			3,05
b6	153	6	918	61%	560	**10,5**	59			3,66
b7	311	7	2177	61%	1328	12,5	166			4,27
SU	**5334**		**8705**	**61**	**5311**	24,5	**1301**		274	Saldo
b2-b7	2317						56	%		

(Serie b2 bis b7, Spalten C,D,F,H = Verlustspiele)

Die Spielweise der Ausfilterung der 3 Coups-Signalzweier führt zu weiteren virtuellen Spielen (bzw. Vorbuchungen ohne Einsatz), hier werden von den ursprünglichen b1-Einsätzen von 3.587 nur noch 2.088 mit Einsatz gespielt. Dies ergibt eine Einsatzquote bei 14.998 Spielen von 13,9 %! Die Umsatzrendite (Einsatzfaktor = 1 Stück) beträgt 274/2088 = 13,1 %. Die b0-Serie ist ohne Einfluss auf das Ergebnis.

Die Entstehung des 3 Coups-Signalzweier-Vorteils:

In einer Testserie von 600 Spielen wird die Entwicklung der Gewinn- und Verlustspiele für die Auswahl 1 aus 6 aufgezeigt.

Spiel nur Chancenpaar Kolonne 1-3

	3C			Rest			Gesamt			
	g	v	Zero	g	v	Zero	Spiele	g	v	Zero
Summe	21	64	5	168	347	11	600	189	411	16
Saldo 3C	-22							31,50%	68,50%	
		85			515					
Anteil 3C		14,20%								
nur g 3C		11,10%								

Spiel Auswahl 1 aus 3 Kolonne

	3C			Rest			Gesamt			
	g	v	Zero	g	v	Zero	Spiele	g	v	Zero
Summe	86	163	11	109	242	2	600	195	405	13
Saldo 3C	9							32,45%	67,50%	
		249			351					
Anteil 3C		41,40%								
nur g 3C		44,10%								

Veränderung nur K 1-3 und Auswahl 1 aus 3

	3C			Rest			Gesamt			
	g	v	Zero	g	v	Zero	Spiele	g	v	Zero
Summe	65	99	6	-59	-105	-9	0	6	-6	-3
		164			-164					
Anteil 3C		27,30%								
nur g 3C		33%								

Hinweis: nur Kolonne/Dutzend 1–3 bedeutet, dass nur in dieser Chancenauswahl auf den Signalzweier gewartet wird bis er in der Permanenz auftritt.

Ergebnisse durch Wechsel 1 aus 3 Chancen nach 1 aus 6:

a) Die Gewinne aus 3 Coups-Signalzweier-Spielen nehmen um 65 zu, die restlichen Spiele um 59 Gewinne ab, die Verluste nehmen um 99 zu und die restlichen um 105 ab.
b) Der Anteil aller 3 Coups-Spiele steigt von 14,2 % auf 41,4 %.
c) Der Anteil der Gewinnspiele (3 Coups) an allen Gewinnspielen nimmt von 11,1 % auf 44,1 % zu.
d) Die Gesamtgewinnspiele nehmen von 189 um 6 auf 195 zu.
e) Der Gewinnsaldo bei 3 Coups-Spielen steigt von –22 auf +9!

Spiel Auswahl 1 aus 3 Dutzend

	3C			Rest			Gesamt			
	g	v	Zero	g	v	Zero	Spiele	g	v	Zero
Summe	80	162	4	96	262	8	600	176	424	12
Saldo 3C	-2							29,33%	70,7%	
		242			358					
Anteil 3C		40,33%								
Anteil 3C g		45,45%								

Auf die Anzeige des Spielergebnisses nur Dutzend 1–3 wird verzichtet, die Ergebnisse entsprechen weitgehend jenen von nur Kolonne 1–3.

Spiel Auswahl 1 aus 6 Dutzend und Kolonne

	3 Coups			Rest			Gesamt			
	g	v	Zero	g	v	Zero	Spiele	g	v	Zero
Summe	136	226	6	82	156	4	600	218	382	10
Anteil	37,6%	62,4%		34,5%	65,5%			36,3%	63,7%	
Gesamt	362			238						
Saldo 3C	46									
Anteil 3C	60,33%									
Anteil 3C g	62,39%									

Änderung von 1 aus 3 Kolonne nach 1 aus 6 (K + D)

	3 Coups			Rest			Gesamt		
	g	v	Zero	g	v	Zero	Spiele	g	v
Änderung	50	63	-5	-27	-86	2	0	23	23
Summe g + v		113			-113				
Differenz g + v	23	-23							

Änderung von 1 aus 3 Dutzend nach 1 aus 6 (K + D)

	3 Coups			Rest			Gesamt		
	g	v	Zero	g	v	Zero	Spiele	g	v
Änderung	56	64	2	-14	-106		0	42	42
Summe g + v		120			-120				
Differenz g + v	42	-42							

Die Gewinne aus 3 Coups-Spielen nehmen um 50 zu, aber beim Rest nur um 27 ab. Die Differenz von 23 resultiert aus den Restverlusten, welche um 86 abnehmen, bei 3 Coups Spielen jedoch nur um 63 zunehmen. Analoge Entwicklung bei den D-Chancen.

Gesamtergebnis 1 aus 6 (K und D):

1. Das Gesamtergebnis liegt bei 218 Gewinnspielen von 600 (36,33 %).
2. Werden nur 3 Coups-Signalzweier-Spiele gespielt, beträgt das Ergebnis 136 Gewinnspiele von 362 (37,6 %). Der Gewinnsaldo beträgt +46. Das getrennte Ergebnis 1 aus 3 hätte bei K-Chancen +9 und bei D-Chancen –2 betragen.
3. Der Anteil der 3 Coups-Spiele hat sich auf 62,4 % gesteigert. Je höher dieser Anteil, umso höher die Gewinnspielsteigerung!

Wie kommt es zu dieser Steigerung?

K1-2/3		K2-3/1		K1-3/2	
	gewonnen		gewonnen		gewonnen
erster Zweier bei Coup	verloren bei Coup	erster Zweier bei Coup	verloren bei Coup	erster Zweier bei Coup	verloren bei Coup
47	55	57	64	56	62
D1-2/3		D2-3/1		D1-3/2	
	gewonnen		gewonnen		gewonnen
erster Zweier bei Coup	verloren bei Coup	erster Zweier bei Coup	verloren bei Coup	erster Zweier bei Coup	verloren bei Coup
40	52	25	31	3	8

Im obigen Beispiel fällt die Auswahl 1 aus 6 auf D 1/3 (erster Signalzweier bei Coup 3), dadurch wird der Verlust bei der Auswahl 1 aus 3 bei K 1/2 (erster Signalzweier bei Coup 47) verhindert. Dies ist in 66,7 % der Fälle so, weil einem Gewinnspiel von 1 aus 6 im Schnitt zwei Verlustspiele bei 1 aus 3 zur Verhinderung gegenüber stehen.

K1-2/3		K2-3/1		K1-3/2	
	gewonnen		gewonnen		gewonnen
erster Zweier bei Coup	verloren bei Coup	erster Zweier bei Coup	verloren bei Coup	erster Zweier bei Coup	verloren bei Coup
21	24	84	87	47	53

D1-2/3		D2-3/1		D1-3/2	
	gewonnen		gewonnen		gewonnen
erster Zweier bei Coup	verloren bei Coup	erster Zweier bei Coup	verloren bei Coup	erster Zweier bei Coup	verloren bei Coup
3	13	22	26	43	49

Oben: Das Verlustspiel 1 aus 6 bei D 1/2 (erster Signalzweier bei Coup 3) verhindert das Gewinnspiel bei 1 aus 3 durch die Chance K 1/2, (erster Signalzweier bei Coup 21) dies ist in 33,3 % der Fälle so.

Oder aber es bleibt bei Verlust (1 aus 6) und Verlust (1 aus 3) (in 66,7 % der Fälle).

K1-2/3		K2-3/1		K1-3/2	
	gewonnen		gewonnen		gewonnen
erster Zweier bei Coup	verloren bei Coup	erster Zweier bei Coup	verloren bei Coup	erster Zweier bei Coup	verloren bei Coup
87	92	33	38	10	13

D1-2/3		D2-3/1		D1-3/2	
	gewonnen		gewonnen		gewonnen
erster Zweier bei Coup	verloren bei Coup	erster Zweier bei Coup	verloren bei Coup	erster Zweier bei Coup	verloren bei Coup
8	15	9	19	3	7

Auswahl 1 aus 6 (D 1/3) gewinnt, Auswahl 1 aus 3 (K 1/3) gewinnt.

Bei Gewinn: Gewinn (33,3 % der Fälle)

A	B	C	D	E	F	G	H
		3C+	(C *2)	(D - F)	3C-		
Änderung von		(K + D)/2			(K + D)/2		
1aus3 (K/D) > 1aus6	100%	53		Saldo	64	42	
		Spiele	Wert		Spiel=Wert		
minus > plus	66,70%	35	70	49	21	33,30%	plus>minus
plus > plus	33,30%	18	36	-7	43	66,70%	minus>minus
		53	106	42	64		

Ergebnis der Veränderung von Auswahl 1 aus 3 nach Auswahl 1 aus 6:

Die 3 Coups-Gewinnspielzunahme beträgt +53 und resultiert zu 66,7 % aus Gewinnspielen, welche vorher, bei der Auswahl 1 aus 3, Verlustspiele waren. Die Verlustzunahme beträgt 64, wobei davon nur 21 auf eine Verschlechterung bei den 1 aus 6 Spielen resultieren, 43 waren vorher schon Verlustspiele.

Gewinnzunahme = +42 (53 * Gewinnfaktor 2 = 106 – 64)

Die Veränderung von Minusspielen nach Gewinnspielen (Minus > Plus) überwiegt der Abnahme der Gewinnspiele (Plus > Minus).

I) Die Abweichung der Zweierserie

Wie kommt es zu der Serienanteilabweichung zwischen den Testergebnissen und der Roulettetheorie?

Serie	Serienanteil Rouletttheorie %	Serienanteil Testergebnis %	Abweichung %
b0	32,4	32,8	0,4
b1	21,9	23,8	1,9
b2	14,8	14,3	-0,5
b3	10	9,5	-0,5
b4	6,8	6,5	-0,3
b5	4,6	4,4	-0,2
b6	3,1	2,9	-0,2
>= b7	6,4	=b7 5,8	-0,6
Summe	100	100	0

1. Begrenzung der Serien auf max. 7 Verlustspiele

Da im Roulette viele Serien normalerweise über 7 Verlustspiele in Folge hinausgehen, ergeben sich durch die Verkürzung auf max. 7 Spiele pro Serie neue Serien von b1 bis b7.

Durch diese neuen Serien ergibt sich eine prozentuale Verschiebung der Serienanteile, wie untenstehendes Testergebnis aus 1.621 Serien zeigt:

nachher					vorher		
Serien	Anzahl	%-Anteil	Änderung			Anzahl	%-Anteil
b0	509	31,4	0			509	32,8
b1	381	23,5	27			354	22,8
b2	245	15,1	18			227	14,6
b3	161	9,9	9			152	9,8
b4	109	6,7	5			104	6,7
b5	67	4,1	4			63	4,1
b6	50	3,1	3	66		47	3
= b7	99	6,1	2		>= b7	97	6,2
	1621	**100**	**68**			**1553**	**100**

Durch die Verkürzung auf 7 Verlustspiele pro Serie entstehen 68 neue Serien. In den 97 >= b7-Serien sind 31 (= b7) Serien enthalten. Nach der Begrenzung sind dies 68 mehr, nämlich 99. 66 neue Serien entstehen im Bereich der Serien b0 bis b6. Die größte Veränderung ergibt sich bei den b1-Serien.

2. Die Änderung von Verlust- in Gewinnspiele

A)

Coup	Serie	gewonnen	verloren	
1	b0-Serie	x		
2			x	
3			x	
4			x	
5	b3-Serie	x		
6			x	
7			x	
8			x	
9			x	
10			x	
11	b5-Serie	x		
12	b0-Serie	x		
13	b0-Serie	x		
14			x	
15	b1-Serie	x		
		Serie		
	Summe	6	9	15

B)

Coup	Serie	gewonnen	verloren	
1	b0-Serie	x		
2			x	
3			x	
4			x	
5	b3-Serie	x		
6			x	
7			x	
8	b2-Serie	x		
9			x	
10			x	
11	b2-Serie	x		
12	b0-Serie	x		
13	b0-Serie	x		
14			x	
15	b1-Serie	x		
		Serie		
	Summe	7	8	15
	Änderung	1	-1	

Die linke Seite (Serie A) der Tabelle zeigt die Spiel- und Serienergebnisse vor dem Systemspiel. 15 Coups ergeben 6 Serien aus 6 Gewinnspielen und 9 Verlustspielen. Rechts daneben (Serie B) wird gezeigt, wie sich ein Wandel von Verlustspiel in ein Gewinnspiel auf die Serien auswirkt. Wird in einer b5-Serie aus dem dritten Verlustspiel ein Gewinnspiel (durch das Systemspiel), entsteht dadurch eine neue Serie. Anstatt einmal b5 nun zweimal b2. Insgesamt ein Gewinnspiel mehr, ein Verlustspiel weniger. Zum Beispiel entstehen aus einer b3-Serie bei Umwandlung des Verlustspiels an 2. Stelle zwei b1-Serien, die b3-Serie entfällt.

Wie sich die zusätzlichen Gewinnspiele des Systemspiels auf die Serienverteilung auswirken, lässt sich statistisch feststellen.

J) Das amerikanische Roulette

Das amerikanische Roulette unterscheidet sich vom europäischen/französischen im Wesentlichen nur durch die zusätzliche Doppelnull (00).

Durch die Doppelnull ändert sich unter anderem die Gewinnwahrscheinlichkeit bei Dutzenden und Kolonnen auf 31,6 %. Untenstehende Tabelle zeigt die Auswertung der Serien für das amerikanische Roulette (AM-R), das europäische Roulette (E-R) und für den Fall ohne Zero.

(Testbasis 500.000 Coups):

Serie	ohne Zero %	AM-R %	E-R %	Abweichung AM-R : E-R	
1er	33,1	31,5	32,4	0,90	
2er	22,2	21,9	22,2	0,28	
3er	14,4	14,7	14,7	0,03	-1,2
4er	9,8	10,1	9,9	0,14	
5der	6,5	7	6,9	0,13	
6er	4,5	4,7	4,5	0,21	
7er	3	3,2	3	0,15	
8er	2,1	2,2	2,1	0,14	
>=9er	4,4	4,7	4,3	0,43	1,2
	100	100	100	0	

Die größten Änderungen betreffen Einer- und Zweierserien. In der Summe gleichen sich Zunahmen und Abnahmen der Serien aus.

Wie verhält sich das Spielsystem im amerikanischen Roulette?

Ein Berechnungsmodell zeigt die Änderungen aufgrund der Tabelle von Seite 45:

A	B	C	D	E	F	G	H
E-R	b1 Serie		>= b2 bis b7		b1 bis b7		= B*2 - D
3 Coups	787	37,75%	1298	62,25%	2085	100%	277

AM-R	b1 Serie		>= b2 bis b7		b1 bis b7		= B*2 - D
3 Coups	704	33,76%	1381	66,24%	2085	100%	27

Bei 15.000 Spielen liegt der zusätzliche Anteil der Doppelzero bei 2,7 %. Auch hier gibt es bei dem Auswahlspiel 1 aus 6 den Effekt der Mehrfachzeros, sodass von den Zusatzzeros nur 2,4 % zu beachten sind (= 360 Doppelzero). Davon entfallen ca. 83 auf das 2. Spiel der Serie im 3 Coups-Signalzweier-Spiel. Die Gewinnspiele verringern sich von 787 auf 704 (* Faktor 2 = Spielwert +1.408).

Die Verlustspiele erhöhen sich von 1.298 auf 1.381, der Saldo beträgt nun nur noch +27, eine deutliche Schmälerung der Gewinne. Aber nach 2.085 Spielen ist der Gewinnspielanteil noch 33,7 % (vorher 38 %) und der Verlustspielanteil 66,3 % (vorher 62 %), welches immerhin noch die Zeroline erreicht.

K) Statistischer Ecart

In der Rouletteliteratur gilt der statistische Ecart als aussagekräftiger Beweis für die Sicherheit einer Spielmethode. Ab einem statistischen Ecart von 6,0 wird davon ausgegangen, dass ein System dauerhaft gewinnt. Für ein Spiel im Gleichsatz (masse égale) auf ein Dutzend oder eine Kolonne lautet die Formel: Anzahl der gewonnenen Stücke geteilt durch die Wurzel aus den gesetzten Coups. Das bedeutet für das Ergebnis (siehe Seite 45) aus dem Systemspiel b1 3 Coups-Signalzweier folgenden Wert:

Gewonnene Stücke = 277, Wurzel aus 2.085 = 45,661
Statistischer Ecart = 277/45,661 = 6,0

Natürlich sagt dieser Wert nichts über mögliche Abweichungen während des Spiels aus. Wie viele Einsätze lang bleibt ein Gewinnspiel aus, welches Risikokapital muss für diesen Fall vorgehalten werden?

Ist bereits ein Gewinnspielkapital erreicht, sind solche Rückschläge nicht besonders problematisch.

Innerhalb der gesamten Teststrecke bei Spiel auf b1-Serien war der maximale Ecart für das Ausbleiben eines b1-Gewinnspiels 17 Mal. Multipliziert mit dem Einsatzfaktor ergibt dies das eventuell benötigte Risikokapital, besonders für den Fall, dass diese Verlustserie beim Start des Systemspiels eintritt.

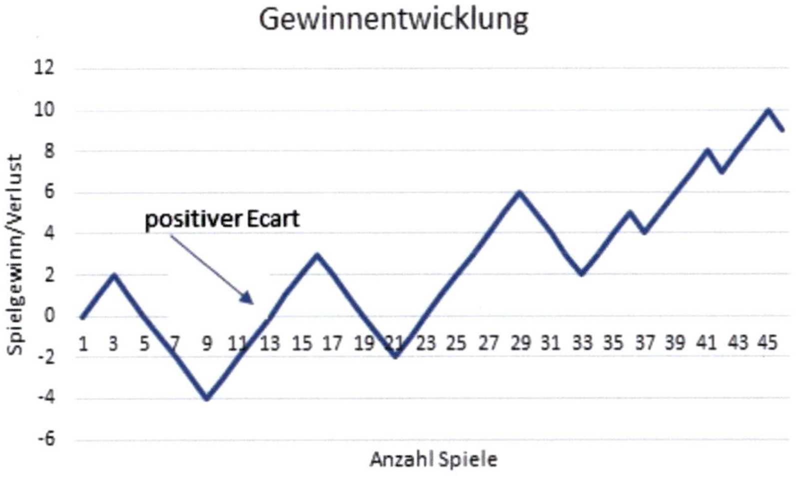

Beispiel möglicher Spielverlauf:

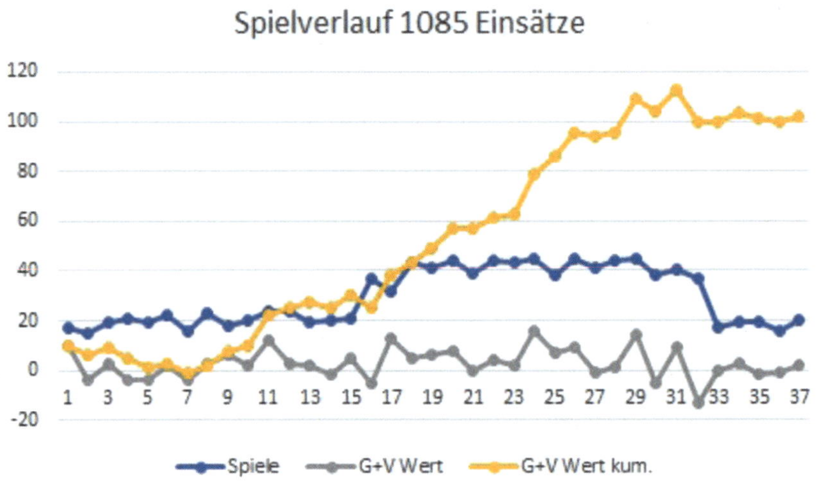

System Testergebnis PC

Obige Tabelle zeigt das Testspielergebnis im 3 Coups/b1-Spiel nach 1.085 Einsätzen (bei 394 3 Coups-b1-Serien) mit Faktor 1. Zum Beispiel Skala Punkt 17, 32 Spiele, Gewinn +13. Der kumulierte Gewinn liegt am Ende bei +102.

Basis für dieses Ergebnis sind 7.840 Spiele und 2.775 Gesamtserien, davon wiederum 636 Gesamt-b1-Serien (Anteil 22,9 %).

L) Zeroline

Warum Zeroline? Das Systemspiel erreicht eine Gewinnspielquote von >= 33,3 %.

Diese Quote ergibt im Roulette bei einer Auszahlungsquote von 2 : 1 bei einem Einsatz von einem Stück im Gleichsatz auf Dauer +/– 0, deshalb meine Bezeichnung Zeroline (Nulllinie).

Erst durch verschiedene Spielvarianten innerhalb dieser Gewinnspielquote wird ein wertmäßiger Gewinn größer Null erreicht. Die Abweichungen (Ecart), welche bei der Nulllinie ins Plus oder Minus möglich sind, entscheiden über einen möglichen Gewinn oder Verlust.

Ein Spieler, welcher sich eine Wunsch-Gewinnsumme erspielen möchte, spielt eine gewisse Zeit das Grundsystem ohne irgendeine Progression oder eine andere Spielvariante einfach durch, von Serie zu Serie.

Irgendwann kommt er auch in den Gewinnbereich, da der Zeroverlust (Vorteil des Casinos) die Gewinnsummen auf Dauer nicht aufzehrt. Der Spieler muss nach dem Erreichen seiner Wunschsumme *einfach nur aufhören können*. Wie lange er spielen muss um seinen Wunschgewinn zu erreichen, hängt von der Höhe der Einsätze und des auftretenden Ecarts in den Plus- oder Minusbereich ab. Eine Frage der Zeit, des Vertrauens in das Spielsystem und der Willenskraft, beim Erreichen der Wunschgewinnsumme auch aufzuhören.

Es könnte der Einwand kommen, dass dies auch ohne ein Systemspiel möglich ist. Ohne Zweifel könnte das gelingen, jedoch nicht, wenn ein längerer negativer Ecart auftritt und weil auf lange Zeit der Zerovorteil des Casinos kein Erreichen der Zeroline mehr zulässt.

Dieser Fall wird nicht unbedingt an einem Tag auftreten, aber die Aussicht auf lange Zeit die Zeroline zu erlangen, ermutigt doch, das Spiel mindestens bis zu diesem Zeitpunkt fortzusetzen.

Wichtig dabei ist natürlich immer mit gleich hohem Einsatz zu spielen.

M) Das Realspiel

Pro Spiel sind durchschnittlich 9 Coups notwendig (vom Start-Zweier bis Einsatzspiel):

Im Casinospiel (nicht online) sind pro Tag ca. 200 Coups gut spielbar:

200 Coups/Tag bei 9 Coups/Spiel = 22 Spiele, ergibt ca. 8 Systemserien.
22 Spiele * 13,9 % (Anteil 3 Coups/b1-Spiele) = 3 Einsatzspiele/Tag.
Die Gewinnspielquote liegt bei 38 % = 1,15 Gewinnspiele pro Tag.
Der Gewinn liegt bei 13,1 % vom Gesamteinsatz, das sind 13,1 % von 3 = 0,40 bei einem Einsatzfaktor von 1 Stück.
Bei 100 € Einsatz pro Einsatzspiel beträgt der Gewinn ca. 40 €/Tag.
Bei 500 € Einsatz pro Spiel dann ca. 200 € Gewinn/Tag.

Als Risikokapital (Ecart für Verlustspiele in Serie) für Anfangsverluste wurde ein Faktor von ca. 20 ermittelt, dies wären beim Einsatzfaktor 500 € ca. 10.000 €. Dieses Risikokapital vermindert sich natürlich, wenn Anfangsgewinne erspielt wurden (worst case: ein hoher negativer Ecart beim Einstieg ins Spiel). In den Online-Casinos kann pro Tag leicht das Doppelte bis Dreifache an Coups gespielt werden. Bei Rouletteautomaten in den Realcasions können bis zu 600 Coups am Tag gespielt werden.

Je nach Progressionsspiel (ab Seite 34) sind noch höhere Gewinne möglich, jedoch ist die Vorhaltung des Risikokapitals (negativer Ecart) auch viel größer.

Wer glaubt, dass er durch ein Roulettesystem über Nacht zum Millionär wird, irrt sich gewaltig. Dies bleibt weiterhin einer langen Glückssträhne, gespielt mit hohem Einsatz, vorbehalten.

Ob ein durchschnittlicher Gewinn von 200 € Gewinn pro Tag viel oder wenig ist, ist relativ zu betrachten. Er wird in Relation zum erbrachten Aufwand an Zeit und Geld gebracht werden müssen und dieses Aufwand-Ertragsverhältnis wird jeder Spieler unterschiedlich bewerten.

Übrigens ist Voraussetzung für den dauerhaften Gewinn auch, dass die Casinobetreiber fair spielen und ihre Roulettekessel keiner Manipulation unterworfen sind. Dies gilt insbesondere bei den Online-Casinos, deren gesamtes Roulettesystem durch Software bestimmt wird.

Was heißt schon dauerhafter Gewinn? Mit Sicherheit ist da keine Strecke von ein paar Spieltagen oder -wochen gemeint. Unter dauerhaft versteht sich im Roulette, dass die Summe der Gewinne über Monate oder sogar Jahre steigt und nicht mehr unter Null fällt.

N) Markt der Roulettesysteme

Aus der Roulettegeschichte sind viele Spielstrategien bekannt, wie z. B. Martingale, Paroli, D'Amblert, Labouchère und viele andere. Diese Spielstrategien sind keine Geheimsysteme, sondern schon lange allgemein bekannt.

In der Neuzeit werden immer wieder von Verlagen Bücher über Systemspiele im Roulette angeboten, welche dem Spieler mit markigen Titeln und vermeintlich schlüssigen Spielsystemen Gewinne auf Dauer versprechen. Die Bücher kosten oftmals mehr als 100 €. Natürlich wird im Kleingedruckten jede Garantie auf den Erfolg eingeschränkt. Auch wird versichert bei Nichterreichen der versprochenen Gewinne das Geld für das Buch zurück zu erstatten. Ob dieses Versprechen immer eingehalten wird, kann bezweifelt werden. Der Spieler müsste gegenüber dem Verlag oder Autor nachweisen, dass er nicht von der vorgeschriebenen Systemspielvorgabe abgewichen ist. Ein Nachweis über eine fehlerhafte Spielanleitung ist vom Spieler nur schwer zu erbringen.

Eine Flut von Informationen über Roulettesysteme findet man heutzutage natürlich auch im Internet, weil in diesem Medium viele Spielinteressierte einfach erreicht werden können. Auch bei diesen Angeboten sollte man sehr vorsichtig sein. Meistens geht es auch hier nur darum, die Spieler zum Spiel in die Casinos zu locken. Seriöse Spielsysteme wird man hier kaum finden.

Fast immer fehlt der Hinweis auf die Gesamtzahl der gespielten Einsätze, weil dies eines der wichtigsten Kriterien für den Systemerfolg ist.

Ein Gewinn wird hauptsächlich vom Verlag für das Buch und vom Casino durch die Testspiele der Spieler eingestrichen. Die Gewinne der Spieler bleiben aber weiterhin nur dem Zufall überlassen. Hätte auch nur eine der Veröffentlichungen sein Versprechen gehalten, wo wären dann heute die Casinos?

Auch dieses Buch enthält aus rechtlichen Gründen einen Hinweis, dass keine Gewinngarantie übernommen werden kann, zum Schutz des Autors vor unberechtigten Forderungen.

O) Schlussbetrachtung

Seit Bestehen des Glückspieles Roulette haben unzählige Menschen versucht ein Roulettesystem mit Gewinnen auf Dauer zu entwickeln. Vielleicht ist dieses nicht das Einzige. Es gibt viele Gründe für die Entdecker, dieses Wissen nicht zu veröffentlichen.

Auch Albert Einstein soll sich mit der Lösung dieses Problems befasst haben und wurde wie folgt zitiert:

„The only way to beat Roulette is to steel the money when the dealer's not looking."

Er zweifelte an einem mathematischen System, dessen Gewinn den house edge der Bank übersteigt.

Kurt v. Haller, ein bekannter Rouletteforscher, hielt es jedoch für möglich aufgrund der neuesten Entwicklung der Computertechnik, mit den damit einhergehenden Möglichkeiten der analytischen Statistik, dass es doch einmal gelingen kann dieses System zu entwickeln.

Seiner Meinung nach lassen sich zu viele Menschen von der bis heute allgemeingültigen Lehrmeinung, dass es eben nicht möglich ist, davon abhalten, diese in ihrem Wahrheitsgehalt zu überprüfen.

Diese Überprüfung war mein Ansporn und mein Motiv. (und „I want my money back"). Über viele Jahre habe ich mit den nach und nach neu zur Verfügung stehenden Mitteln der EDV den Versuch unternommen, diese Aussage zu überprüfen.

Gäbe es eine mathematische Lösung, wäre diese mit Sicherheit bereits gefunden. Somit war es immer mein Ansatz, dass die Lösung auf einem anderen Weg zu finden sein könnte.

Von der ersten Idee bis heute vergingen ca. 35 Jahre, in denen ich mich mehr oder weniger mit dieser Problematik beschäftigte. Im Vordergrund stand nie die Absicht schnell Millionen zu verdienen, sondern der Versuch zu beweisen, dass der Hausvorteil des Casinos überwunden werden kann. Das Ergebnis steht in diesem Buch.

Das Wichtigste dabei war nicht aufzugeben, nicht zu verzweifeln oder sogar verrückt zu werden und sich ins finanzielle Chaos zu stürzen, einer Sucht zu verfallen, bei der die Einsicht fehlte, dass es doch unmöglich ist. Daneben aber immer noch ein ganz normales Leben mit anderer, sinnerfüllter Arbeit und vielen schönen Hobbys, mit Freunden und Familie zu führen.

Veröffentlichen oder nicht veröffentlichen oder anderen Nutzen aus diesem System zu ermöglich waren für mich lange nicht entschiedene Fragen.

Nun habe ich mich für eine Publikation durch ein Sachbuch entschieden, weil ich glaube, dass dies für viele, welche sich mit diesem Problem beschäftigt haben, von großem Interesse sein wird. Vielleicht ist es auch für andere ein Ansporn, nicht alles, was als unmöglich gilt, hinzunehmen, sondern zu versuchen es möglich zu machen. Es geht nicht darum, den Spielcasinos zu schaden, sie werden einen Weg finden diesen Gewinnvorteil der Spieler durch eine neue Spielregel unmöglich zu machen.

Roulette ist ein Glückspiel – mal gewinnt der Spieler, mal die Spielbank, über lange Zeit lag der Vorteil nur bei der Bank.

Es wird weiterhin viele Spieler geben, welche nach wie vor nicht zum Geldverdienen ein Casino besuchen, sondern einfach nur ihr Glück ausprobieren wollen. Es ist ja auch ein schönes Gefühl, wenn man mit durch Glück gewonnenem Geld, egal in welcher Höhe, das Casino wieder verlässt!

Erkenntnis:

„Glück ist meist nur ein Sammelname für Tüchtigkeit, Klugheit, Fleiß und Beharrlichkeit."
(Charles Kettering)

Hinweis des Autors: Eine absolute Gewinngarantie sowie eine Haftung für erwirtschaftete Verluste kann nicht übernommen werden.

P) Anhang

Das b1-Spiel:
Zielchancen: Dutzende und Kolonnen
Gewinnwahrscheinlichkeit: 12/37 = 32,4 %
Gewinnfaktor: 2 für 1

Vorbuchung:
Vor dem ersten Einsatz erfolgt eine Vorbuchung:

Dutzende und Kolonnen werden zu 6 verschiedenen Gruppen aufgezeichnet (siehe Seite 20), sodass jeweils von 2 zusammengefassten Chancen auf den Wechsel der übrigen dritten Chance gesetzt werden kann.

Für Kolonnen und Dutzende ergeben sich hierbei jeweils 3 Chancen, insgesamt 6 verschiedene Setzmöglichkeiten.

Signalchance : Einsatzchance
Kolonne 1 und Kolonne 2 : Kolonne 3
Kolonne 2 und Kolonne 3 : Kolonne 1
Kolonne 1 und Kolonne 3 : Kolonne 2
und
Dutzend 1 und Dutzend 2 : Dutzend 3
Dutzend 2 und Dutzend 3 : Dutzend 1
Dutzend 1 und Dutzend 3 : Dutzend 2

Zerointegration:
Fällt Zero, wird diese bei der Buchung immer in die laufende Serie, entweder Doppelchance oder Einzelchance, integriert. Kommt als erste Zahl Zero, wird diese bei der Aufzeichnung der Einzelchance geführt.

Für Kolonnen und Dutzende ergeben sich hierbei jeweils 3 verschiedene Darstellungsmöglichkeiten, insgesamt 6 verschiedene Setzmöglichkeiten.

Spielweise:
Schritt 1: Chancenauswahl durch Signalzweier.

Es wird auf eine Zweierserie bei den 6 Chancen gewartet.

Das Chancenpaar, bei dem die Zweierserie (auch durch Zero 3. Stelle) **zuerst auftritt,** wird als Spielchance (Signalchance) ausgewählt.

In ca. 60 % der Fälle ist dies bereits nach 3 Coups festgestellt.

Die anderen Chancenpaare sind zur Fortsetzung des Spiels nun nicht mehr relevant. Mit der Ausnahme, dass bei zwei oder mehr Doppelchancen gleichzeitig die erste

Zweierserie auftritt (Switchregel siehe Kapitel D, Seite 24). Dann wird dieses Spiel abgebrochen, ein neuer Spieltisch gewählt und wieder bei Schritt 1 (Auswahl der Spielchance durch Signalzweier) begonnen. Die Abbruchquote liegt bei 25 %. Diese Vorgehensweise gewährleistet, dass auf Dauer jedes Chancenpaar gleich oft gespielt wird.

Schritt 2: erstes Spiel in einer Serie.

Bei der ausgewählten Doppelchance (Einsatzchance) wird wieder auf eine neue Zweierserie (d. h. 2 Coups in Folge bei der durch den Signalzweier ausgewählten Chance) gewartet. Tritt diese auf, wird ein virtueller Einsatz (Simulationsspiel) auf Wechsel vorgenommen (z. B. von D 1/2 nach D 3).

Nach einem Gewinn sind das erste Spiel und die Serie beendet (b0-Serie = virtueller Gewinn im ersten Spiel). Ein neues Serienspiel wird begonnen.

Die gewonnenen und verlorenen Spiele werden listenförmig (siehe nachfolgende Tabellen) aufgezeichnet.

Nach **einem** virtuellen Verlust im ersten Spiel wird wieder bei Schritt 1 begonnen (Chancenauswahl neuer Tisch).

Im zweiten Spiel der Serie wird mit realem Einsatz auf den Wechsel gesetzt!

Bei einem Gewinn (= b1-Serie) wird wieder mit Schritt 1 begonnen.

Nach einem Verlust im zweiten Spiel mit realem Einsatz wird bis max. 7 Spiele weitergespielt, diese jedoch nur noch mit virtuellem Einsatz!

Wird vor dem 7. Spiel ein virtueller Einsatz gewonnen, ist diese Serie (b2 bis b6) beendet und es geht mit Schritt 1 weiter.

(Die gewählte Einsatzhöhe muss für die gesamte Dauer der Einsätze beibehalten werden [Faktortreue!].)

Es wird keine Gewinn- oder Verlustprogression gespielt.

D. h. bis auf einen möglichen Einsatz im zweiten Spiel einer Serie werden alle anderen Spiele der Serie nur virtuell gespielt. Da die b1-Serienanteile (* Gewinnfaktor 2) höher sind als die Summe der Verlustspiele der Serien >= 2, kommt es zum Gewinn auf Dauer.

Natürlich gibt es Schwankungen (Ecart) im Vorkommen der b1-Serien, denn die 23,8 % Anteile werden erst auf Dauer erreicht. Dies kann zu Startverlusten bzw. zur Reduzierung bereits erzielter Gewinne führen. Je länger nach diesem System gespielt wird, desto sicherer der Gewinn!

Während des Spiels sind demnach 2 verschiedene Aufzeichnungen notwendig:

1. Zur Auswahl der Einsatzchance Aufzeichnung der Coups nach 6 Chancenpaaren.
2. Aufzeichnung der Spielergebnisse nach Gewinn und Verlust zur Abbildung von Serien.

Nachfolgend werden 2 verschiedene Spielverläufe des b1-Spiels dokumentiert.

Zuerst ein Spiel auf alle b1-Serien und danach auf die b1-Serien, welche durch einen 3 Coups-Signalzweier ausgewählt wurden.

Alle Spiele, oder Spiel auf b1 Serien

Spiel	Einsatz	Serie	Gewinn	Verlust	Spiele Serie	Spiel auf b1 Virtueller Einsatz (VE)
1	1.			x		VE
2	2.			x		Einsatz
3	3.	b2	x		3	VE
4	1.			x		VE
5	2.	b1	x		2	Einsatz
6	1.			x		VE
7	2.	b1	x		2	Einsatz
8	1.			x		VE
9	2.			x		Einsatz
10	3.			x		VE
11	4.			x		VE
12	5.	b4	x		5	VE
13	1.			x		VE
14	2.			x		Einsatz
15	3.			x		VE
16	4.	b3	x		4	VE
17	1.			x		VE
18	2.			x		Einsatz
19	3.			x		VE
20	4.			x		VE
21	5.			x		VE
22	6.			x		VE
23	7.	b6	x		7	VE
24	1.	b0	x		1	VE
25	1.	b0	x		1	VE
26	1.			x		VE
27	2.			x		Einsatz
28	3.			x		VE
29	4.			x		VE
30	5.			x		VE
31	6.			x		VE
32	7.	b7		x	7	VE
33	1.			x		VE
34	2.			x		Einsatz
35	3.			x		VE
36	4.	b3	x		4	VE
37	1.	b0	x		1	VE
38	1.			x		VE
39	2.	b1	x		2	Einsatz
		Summe:	11	28	39	30 VE
		Anteil	28,20%	71,80%	100%	

Serie	Anzahl	Spiele
b0	3	3
b1	3	6
b2	1	3
b3	2	8
b4	1	5
b5	0	0
b6	1	7
b7	1	7
Summe Serie	12	39

Summe b1	3
Summe > = b2	6

Ergebnis:
Alle Spiele pro Serie:
Gewonnen 11 * 2 = +22; verloren = –28; Saldo = –6

Nur b1-Spiel (Einsatz im 2. Spiel):
Gewonnen 3 * 2 = +6; verloren = –6; Saldo = +/– 0

Die nächste Tabelle zeigt das Ergebnis für ein Serienspiel auf die b1-Serien unter Beachtung der 3 Coups-Startzweier-Regel.

3Coups	2.Spiel		Gew. 3C		Serie	2.Spiel 3C
Spiel	Einsatz	Serie	Gewinn	Verlust	Spiel	Einsatz (VE)
1	1.			x		VE
2	2.			x		VE
3	3.	b2	x		3	VE
4	1.			x		VE
5	2.	b1	x		2	Einsatz
6	1.			x		VE
7	2.	b1	x		2	VE
8	1.			x		VE
9	2.			x		Einsatz
10	3.			x		VE
11	4.			x		VE
12	5.	b4	x		5	VE
13	1.			x		VE
14	2.			x		VE
15	3.			x		VE
16	4.	b3	x		4	VE
17	1.			x		VE
18	2.			x		Einsatz
19	3.			x		VE
20	4.			x		VE
21	5.			x		VE
22	6.			x		VE
23	7.	b6	x		7	VE
24	1.	b0	x		1	VE
25	1.	b0	x		1	VE
26	1.			x		VE
27	2.			x		Einsatz
28	3.			x		VE
29	4.			x		VE
30	5.			x		VE
31	6.			x		VE
32	7.	b7		x	7	VE
33	1.			x		VE
34	2.			x		VE
35	3.			x		VE
36	4.	b3	x		4	VE
37	1.	b0	x		1	VE
38	1.			x		VE
39	2.	b1	x		2	Einsatz
17 x 3C		Summe	11	28	39	34 VE
		Anteil	28,20%	71,80%	100%	

nur 3Coups Einsätze	Anzahl Serien	Spiele Serien
b0	0	0
b1	2	4
b2	0	0
b3	0	0
b4	1	5
b5	0	0
b6	1	7
b7	1	7
Summe Serie	5	23

Summe b1	2
Summe >= b2	3

Ergebnis nur b1-Spiel (2. Spiel beim 3 Coups-Einsatzzweier):

Von 39 Spielen sind 17 durch einen 3 Coups-Signalzweier entstanden.

Gewonnen 2 * 2 = +4; verloren = –3, Saldo = +1.

Spielergebnis: 5 Spiele, gewonnen 2 (40 %), verloren 3 (60 %).

Summe virtuelle Spiele: 34.

In diesem Beispiel ist gut zu erkennen, wie sich das b1-Gesamtergebnis verändert hat. Von einem Gesamtspielverlust von –6 bei allen b1 (+/– 0) und das 3 Coups/b1-Ergebnis mit +1.

Wie in einer unten angezeigten Tabelle der Serien wird besonders der Anteil der b1-Serien kontrolliert und Gewinn und Verlust berechnet.

Serien	Serien Anzahl	Serien %-Anteil		
b0	1747	32,8		
b1	1270	23,8		
b2 bis b7	2317	43,4		
Summe	5334	100,0		
		Gew.faktor	Wert	
b1	1270	2	2540	Gewinn
		b2 bis b7	2317	Verlust
	Einsatz	3587	223	Saldo
			6,2%	Rendite

Ab einem Anteil b1 von 22,5 % wird Zeroline erreicht, wenn der b0-Anteil bei >= 32,4 % liegt. Über 22,5 % ist dann die Gewinnzone erreicht.

Der Autor

C. Otto wurde in den frühen 50er-Jahren in Süddeutschland geboren. Nach dem Schulabschluss folgten eine Berufsausbildung, ein abgeschlossenes Studium und ein langes, erfolgreiches Arbeitsleben in der Industrie.
Ein erfülltes Familienleben mit Kindern kam hinzu.
In dieser Zeit hat er viele Bücher gelesen, aber selbst nie eines geschrieben. Bis heute pflegt er vielseitige Hobbys, besonders sportliche Aktivitäten haben es ihm angetan.
Durch einen Zufall kam er in jungen Jahren mit Roulette in Berührung. Aus dem Spiel und Hobby wurde eine ernsthafte Forschungstätigkeit, die ihn bis heute in ihren Bann zieht.
Diese führte zur Entwicklung eines erfolgreichen Spielsystems, um im Roulette dauerhaft Gewinne zu erzielen – bis heute gilt dies übrigens als unmöglich.
Um diese Erkenntnis anderen nicht vorzuenthalten entschloss er sich, das Ergebnis zu veröffentlichen und wurde somit ungeplant zum Sachbuchautor.